구차구차
일본 가정식

구츠구츠 백성진 지음

일본인도 감탄하는 한국인 셰프의
일본요리 一〇〇선

구츠구츠
일본 가정식

북하우스 엔

차례

프롤로그 • 8
일본 가정식의 기본 구성 • 10
일본요리에 사용되는 시판용 소스 • 11
사시스세소 규칙 • 13
일본요리에 사용하는 조리도구 • 14
구츠구츠의 계량 • 15
일본요리의 기본, 다시 만들기 • 16
일러두기 • 17

一장 일본인에게 인정받는 매일 밥상

- 001 아사즈케 浅漬け **일본식 절임 야채** • 20
- 002 미소시루 味噌汁 **일본식 된장국** • 24
- 003 돈지루 豚汁 **돼지고기 된장국** • 28
- 004 오차즈케 お茶漬け **녹차밥** • 30
- 005 오니기리 おにぎり **일본식 주먹밥** • 34
- 006 사카나노 시오야키 魚の塩焼き **생선 소금구이** • 36
- 007 낫토 納豆 • 42
- 008 히야얏코 冷奴 **일본식 냉두부** • 44
- 009 사바미소 さば味噌 **고등어 미소조림** • 48
- 010 니쿠자가 肉じゃが **고기 감자조림** • 50
- 011 지쿠젠니 筑前煮 **닭고기 야채조림** • 52
- 012 가레이노 니쓰케 カレイの煮つけ **가자미조림** • 54
- 013 후로후키 다이콘 風呂吹き大根 **무 다시조림** • 56
- 014 고보노 고마아에 ごぼうの胡麻和え **우엉 참깨무침** • 58
- 015 규리토 와카메노 스노모노 きゅうりとワカメの酢の物 **오이 미역 초무침** • 60
- 016 호렌소노 시라아에 ほうれん草の白和え **시금치 두부무침** • 62
- 017 우메보시 롤가쓰 梅干ロールカツ • 64
- 018 가키아게 かき揚げ **일본식 야채·해물 튀김** • 68
- 019 차완무시 茶碗蒸し **일본식 계란찜** • 70

二장 한국인들이 좋아하는 일품요리

- 020 오야코동 親子丼 닭고기 계란덮밥 · 74
- 021 규동 牛丼 소고기덮밥 · 76
- 022 돈가스 豚カツ · 78
- 023 덴푸라 天ぷら 일본식 튀김 · 82
- 024 카레라이스 カレーライス · 84
- 025 데마키스시 手巻き寿司 손 말이 초밥 · 90
- 026 자루우동·자루소바 笊うどん·笊そば 냉우동과 냉메밀국수 · 92
- 027 기쓰네우동 きつねうどん 유부 우동 · 94
- 028 야키소바 焼きそば 일본식 면 볶음 · 98
- 029 오코노미야키 お好み焼き 일본식 부침개 · 102
- 030 치킨 데리야키 チキン照り焼き 치킨 양념구이 · 104
- 031 사바노 가바야키 サバの蒲焼 고등어 양념구이 · 106
- 032 부타노 쇼가야키 豚の生姜焼き 돼지고기 생강구이 · 110
- 033 나스덴가쿠 なす田楽 가지 된장구이 · 112
- 034 부타노 가쿠니 豚の角煮 일본식 삼겹살찜 · 116
- 035 스키야키 すき焼き 일본식 냄비요리 · 120
- 036 오뎅 おでん 일본식 어묵탕 · 122

三장 이자카야에 가고 싶은 날, 술안주

- 037 쓰케마구로 漬けマグロ 절인 참치회 · 126
- 038 마구로노 도로로아에 マグロのとろろ和え 참치 참마무침 · 130
- 039 다라모 사라다 タラモサラダ 명란 감자 샐러드 · 132
- 040 에비노 나마하루마키 エビの生春巻き 새우 스프링 롤 · 134
- 041 가마보코 산도 蒲鉾サンド 어묵 샌드 · 136
- 042 이카노 마루야키 イカの丸焼き 오징어 통구이 · 140
- 043 낫토 치즈 긴차쿠 納豆チーズ巾着 낫토 치즈 유부주머니 · 142
- 044 니라 쓰쿠네 にらつくね 부추 닭고기 완자 · 144
- 045 규니쿠토 야사이노 펫파스테키
  牛肉と野菜のペッパーステーキ 소고기와 야채 후추 스테이크 · 146
- 046 베콘마키 모리아와세 ベーコン巻き盛り合わせ 베이컨말이 모둠꼬치 · 148
- 047 야키토리 焼き鳥 닭꼬치 · 150
- 048 구시가쓰 串カツ 꼬치가스 · 152
- 049 이카토 타코노 가라아게 イカとタコの唐揚げ 오징어와 문어 튀김 · 154
- 050 아게다시도후 揚げ出し豆腐 다시 튀김 두부 · 156
- 051 나고야 데바사키아게 名古屋手羽先揚げ 나고야식 닭날개튀김 · 158
- 052 멘타이코 치즈 아게교자 明太子チーズ揚げ餃子 명란 치즈 튀김만두 · 160
- 053 가니 구리무 고로케 カニクリームコロッケ 게살 크림 크로켓 · 162
- 054 다이콘노 와후 사라다 大根の和風サラダ 일본식 무 샐러드 · 164
- 055 사사미노 우메보시아에 ささみの梅干し和え 닭가슴살 우메보시무침 · 166
- 056 나스노 아게히타시 茄子の揚げ浸し 튀긴 가지 냉나물 · 168
- 057 아사리노 사카무시 アサリの酒蒸し 바지락 청주찜 · 170

四장 일본요리 실력 레벨 업! 별미식

푸짐한 나베요리

- 058 부타토 레타스 샤부샤부 豚とレタスしゃぶしゃぶ **돼지고기 양상추 샤부샤부** · 174
- 059 다이콘토 가키노 도유 샤부샤부 大根とカキの豆乳しゃぶしゃぶ **무와 굴 두유 샤부샤부** · 178
- 060 도리노 미즈타키 鶏の水炊き **일본식 닭백숙** · 180
- 061 유 도후 湯豆腐 **온두부** · 182
- 062 시오 장코나베 塩ちゃんこ鍋 **소금 장코 전골** · 184
- 063 다라 미소나베 鱈味噌鍋 **생태 미소 전골** · 186
- 064 요세나베 寄せ鍋 **모둠 전골** · 188
- 065 이시카리나베 石狩鍋 **홋카이도 해물전골** · 190

축하하는 자리에 어울리는 스페셜 라이스 레시피

- 066 세키항 赤飯 **찹쌀 팥밥** · 192
- 067 지라시즈시 ちらし寿司 **·** 194
- 068 고모쿠고항 五目ごはん **오목밥** · 196
- 069 후카가와고항 深川ご飯 **바지락밥** · 198
- 070 우나기오시스시 うなぎ押し寿司 **장어 누름스시** · 200

五장 맛으로 눈으로 즐기는 일본식 도시락

- 구츠구츠의 도시락 빨리 싸는 비법 · 204
- 예쁘고 보기 좋게 도시락 싸는 방법 · 205

든든한 우리 신랑 도시락

- 071 가라아게 벤토 唐揚げ弁当 **닭튀김 도시락** · 206
- 072 니쿠마키 오니기리 벤토 肉巻きおにぎり弁当 **소고기말이 주먹밥 도시락** · 208
- 073 미니한바그 벤토 ミニハンバーグ弁当 **미니 햄버그스테이크 도시락** · 210
- 074 규니쿠노 시구레니 벤토 牛肉のしぐれ煮弁当 **일본식 소고기 장조림 도시락** · 212
- 075 도리노 난반쓰케 벤토 鶏の南蛮付け弁当 **일본식 깐풍기 도시락** · 214
- 076 치킨 데리야키 벤토 チキン照り焼き弁当 **치킨 양념구이 도시락** · 216
- 077 야키사케 벤토 焼き鮭弁当 **연어구이 도시락** · 218
- 078 가쓰산도 벤토 カツサンド弁当 **돈가스 샌드 도시락** · 220
- 079 부타노 쇼가야키 벤토 豚の生姜焼き弁当 **돼지고기 생강구이 도시락** · 222
- 080 멘치가쓰 벤토 メンチカツ弁当 **민스 커틀릿 도시락** · 224

귀엽고 앙증맞은 우리 아이 도시락

- 081 오무라이스 벤토　オムライス弁当　오무라이스 도시락 • 226
- 082 미토보루 벤토　ミートボール弁当　미트볼 도시락 • 228
- 083 미니고로케 벤토　ミニコロッケ弁当　미니 크로켓 도시락 • 230
- 084 에비피라후 벤토　エビピラフ弁当　새우 필라프 도시락 • 232
- 085 산쇼쿠 소보로 벤토　三色そぼろ弁当　3색 소보로 도시락 • 234
- 086 나포리탄 벤토　ナポリタン弁当　나폴리탄 스파게티 도시락 • 236
- 087 치킨가쓰 벤토　チキンかつ弁当　치킨가쓰 도시락 • 238

나들이 도시락

- 088 봄 벚꽃놀이 유부초밥 도시락 • 240
- 089 초여름 운동회 김초밥 도시락 • 242
- 090 가을 단풍놀이 주먹밥 도시락 • 244

六장 우리 입맛에 꼭 맞는 일본 음료 & 군것질

- 091 맛차　抹茶　말차 • 248
- 092 이모요칸　芋ようかん　고구마양갱 • 250
- 093 노리마키모치　海苔巻き餅　김말이 찰떡구이 • 251
- 094 다이후쿠모치　大福餅　일본식 찹쌀떡 • 252
- 095 미타라시단고　みたらし団子　간장 경단 • 253
- 096 맛차무시케키　抹茶蒸しケーキ　녹차 찜케이크 • 254
- 097 도라야키　どら焼き　일본식 단팥 팬케이크 • 256
- 098 미니오하기　ミニおはぎ　미니 찰밥 경단 • 258
- 099 간텐안미쓰　寒天あんみつ　한천 안미쓰 • 260
- 100 가보차푸링　かぼちゃプリン　단호박 푸딩 • 261

에필로그 • 262
갓파바시 도구거리 • 264

프롤로그

스물일곱, 적다면 적고 많다면 많은 나이.

아픈 다리 때문에 파티시에의 꿈을 접고 일본으로 건너와

그해 여름, 짝을 만났어요.

한국 여자와 일본 남자.

같은 피부색과 머리색에, 같은 생각을 했던 우리지만

입맛만큼은 너무 달랐죠.

결국 서투른 일본어 실력으로 요리책과 씨름하는 날들이 시작됐어요.

처음에는 레시피에 있는 재료와 조미료를 어디에 써야 할지 몰라 갈팡질팡하기도 했고,

먹어본 적도 없는 음식을 만들어야 한다는 것이 힘들고 어렵기만 했어요.

그렇게 미안한 마음으로 주방에 서서 요리를 시작했던 것이

바로 어제 일 같은 데 벌써 5년이란 세월이 흘렀네요.

그사이 예쁜 두 딸이 태어났고 제 요리 실력은 일본인도 감탄할 정도가 됐죠.

우연한 계기로 시작한 블로그를 통해 레시피를 정리해가면서

문득 딸이 커서 시집갈 때 들려 보낼 요리책이 엄마가 쓴 책이라면 얼마나 근사할까

하는 생각이 들었어요.

그래서 시작한 책 작업이었어요.

이 책에는 제가 일본에서 5년간 생활하면서 요리를 배우고 실제로 해보면서 얻어낸

요리 비법과 원칙이 담겨 있어요.

별것 아닐 수 있지만 누군가에게는 분명히 도움이 되리라 믿어요.

이 책 한 권으로 더 많은 사람들의 식탁에

건강히고 맛있는 일본요리가 오를 수 있기를 마음으로 기도합니다.

구츠구츠 백성진

일본 가정식의 기본 구성

일본요리의 기본 상차림은 '일즙삼채(1汁 3菜)'로 구성된다. 일즙삼채란 밥, 1가지의 국물, 3종류의 반찬을 의미한다. 우리나라의 5첩 반상과 비교하면 상대적으로 간결한 구성의 상차림임을 알 수 있다.

일반적인 가정 식탁 구성

1 **밥**
2 **국** 미소시루(된장국)나 스이모노(맑은국)
3 **전채** 고기나 생선을 이용한 구이나 회 등
4 **부채** 야채조림, 야채무침, 야채볶음 등
5 **부부채** 쓰케모노(야채절임) 등

바른 젓가락의 사용

일식에서는 기본적으로 젓가락 하나만을 사용하여 식사가 진행된다. 그것은 국물요리나 죽, 국밥을 먹을 때도 마찬가지로, 숟가락을 사용하는 식사는 양식에서의 수프나 카레라이스 정도이다. 그런만큼 올바른 젓가락 사용법을 알아두는 것이 좋다. 국물요리나 덮밥의 경우에는 한 손에 그릇을, 다른 한 손에 젓가락을 들고 그릇을 입에 댄 후, 젓가락으로 조금씩 쓸어넣듯이 먹는다. 너무 큰 소리를 내거나 한 번에 많은 양을 넣지 않도록 주의한다.

젓가락 사용에서 절대로 피해야 하는 행동들

일본에서도 우리나라와 마찬가지로 젓가락으로 음식을 찍어 먹거나 음식을 집었다 놓는 등의 행동은 예의에 어긋난다. 식사 도중 이야기를 할 때 젓가락을 밥그릇 위에 올려두거나 걸쳐두는 행동도 좋지 않다. 젓가락에서 젓가락으로 음식을 전달하는 행동은 화장터에서 타고 남은 유골을 전달하는 방법과 같아서 절대로 식탁에서 하면 안 된다.

일본요리에 사용되는 시판용 소스

쇼유 일반적인 간장으로 염도와 맛은 국간장과 진간장의 중간 정도이다. 한국산 진간장으로 대체할 수 있다.

우스구치 쇼유(국간장) 우스구치 간장은 일본어로 '연한 간장'이라는 뜻이다. 색이 옅지만 염도는 상대적으로 높아 우리나라에서 사용되는 국간장을 생각하면 된다.

사시미 쇼유 회 전용 간장으로 일반 간장보다 가격은 조금 높으나 간장 본래의 맛과 풍미를 그대로 살려 신선한 회를 먹을 때 더욱 품격 있게 즐길 수 있다.

다시 이리 미소 미소에 가쓰오부시와 다시마의 다시 성분이 들어 따로 다시를 우리지 않아도 되는 일본된장. 미소시루 등 일반적으로 요리에 사용되는 미소.

혼미림 미림은 일본요리에 주로 사용되는, 쌀로 만든 조리술이다. 미림의 종류 중에 혼미림과 미림 풍미의 조미술이 있는데 미림 풍미의 조미술은 말 그대로 진짜 미림이 아니기 때문에 가격은 미림보다 저렴하나 실제 미림의 맛과 풍미를 따라갈 수 없으므로 가능하면 혼미림을 구입하여 조리하는 것이 좋다.

조리술 조리술은 미림과는 달리 우리나라 음식에서 주로 사용되는 청주와 같다. 무색무취로 생선이나 고기의 잡내를 없애거나 나베의 국물에 사용된다.

시판용 아사즈케지루 바로 절여 바로 먹는 아사즈케의 쓰케지루. 레귤러에서부터 다시마 풍미, 가쓰오부시 풍미 등 여러 가지 종류가 있으므로 취향대로 골라 사용하도록 한다. 사용방법은 아사즈케의 쓰케지루로 야채를 절이는 방법과 동일하다. (p22 참조)

다시마 쓰유 / 혼쓰유 쓰유는 소바, 우동은 물론 덴푸라에서부터 텐동, 가키아게 등 일본요리에 폭넓게 사용되는 소스 중에 한 가지다. 다시마 쓰유는 다시마를 우려낸 물에 간장으로 맛을 낸 장국이며 혼쓰유는 가쓰오부시를 우려낸 물에 간장으로 맛을 낸 장국이다.

스시스 초밥 전용 식초로 설탕과 다시, 소금이 적절하게 섞여 따로 조미하지 않고도 그대로 초밥이나 초절임 등을 만들 수 있는 식초.

샐러드용 참깨 드레싱 일본의 다양한 샐러드 드레싱들 중에서도 인기가 있는 참깨 드레싱은 한국에서도 마니아층이 형성될 정도라고 한다. 여러 브랜드가 있지만 큐피(오래된 대표적인 일본식품회사, 특히 마요네즈나 드레싱이 유명하다)의 참깨 드레싱이 가장 인기다. 데치거나 찐 야채나 고기, 샤부샤부 등에 잘 어울린다.

폰즈 초간장이라고 할 수도 있지만 단순하게 식초와 간장을 섞은 것보다는 부드럽고 깊은 맛을 내는 조미료로 구운 생선이나 샤부샤부, 올리브오일 등과 섞어서 샐러드의 드레싱으로 사용하기도 한다. 여러 요리에 다양하게 사용하는 소스 중의 한 가지다.

불독 돈가스 소스 / 중화 소스 한국보다 커틀릿이나 크로켓 종류가 다양한 일본에서 가장 인기가 있는 시판용 소스. 중화 소스는 튀김류 이외에도 오코노미야키나 야키소바, 볶음밥 등에 사용해도 좋다.

스키야키노 다레 스키야키를 만들 때, 여러 조미료의 조절이 어렵다면 시판용 스키야키용 다레를 이용하면 좋다. 스키야키뿐 아니라 여러 조림 요리에도 사용 할 수 있다. 설탕이 넉넉히 들어가서 달달한 간장 맛을 낸다.

시소 우메 페이스트 우메보시를 다져 만든 페이스트에 우메보시와 가장 잘 어울리는 시소(차조기)의 풍미를 가미하여 만든 소스. 간단하게 주먹밥이나 데마키즈시의 속재료로 사용하거나 간장에 풀어서 우메보시 풍미의 다레를 만들어도 좋다.

유즈 코쇼 이름 그대로 직역한다면 유자후추다. 간 유자로 만든 페이스트에 매콤한 양념과 염분을 첨가한 조미료로 나베 소스에 첨가하면 유자의 향과 매콤한 맛이 담백한 나베 요리에 임팩트를 주어 나베를 더욱 맛있게 즐길 수 있다. 그 외에도 구이요리나 드레싱, 소스 등에 폭넓게 사용되는 일본의 조미료다.

+ 후첨 조미료

가라시 한국에서도 판매하는 일반 튜브 겨자. 일본에서는 슈마이나 오뎅, 돈가스, 낫토 등에 겨자를 첨가해서 먹는데 우리나라보다는 자주 사용한다고 볼 수 있다.

와사비 고추냉이. 회나 초밥, 또는 고기요리 등에 사용된다.

시치미 도가라시 고춧가루, 후춧가루, 검은깨, 산초, 겨자, 대마씨, 진피 등 7가지 향신료를 섞어 만든 후첨용 조미료로 우동이나 소바, 덮밥 등에 뿌려 먹는다.

산초가루 장어 덮밥이나 가바야키에 뿌려 먹는다.

사시스세소 규칙

'사시스세소'는 일본요리의 맛을 내는 기본 조미료를 가리키는데, 이는 조리를 할 때 조미료를 넣는 순서를 가리키기도 한다.

> **사** 설탕(砂糖, 사토)과 술(酒, 사케)
> **시** 소금(塩, 시오)
> **스** 식초(酢, 스)
> **세** 간장(醬油, 쇼유·간장을 세유라고 부른 것에서 유래)
> **소** 일본된장(味噌, 미소)

사 조리를 할 때, 재료에 단맛을 들이는 것이 매우 어렵기 때문에 맛이 강한 조미료보다 설탕이나 술(미림, 청주 등)을 먼저 넣어 재료에 단맛이 스며들도록 하는 것이 좋다. 간장이나 미소를 먼저 넣어서 조리하게 되면 많은 양의 설탕을 넣어도 재료 자체에 단맛을 배게 하기는 어렵다. **시** 소금은 삼투압 현상으로 재료 안의 수분을 빼내어 조리시간이 단축되고 재료에 맛이 배는 것을 도와주는 역할을 하므로 초기에 넣는 것이 좋다. **스** 식초는 너무 일찍 넣게 되면 식초 본래의 향과 맛이 날아가버리고 재료에서 필요 이상의 수분이 배어 나오므로 나중에 넣는 것이 좋다. **세** 마지막으로 간장과 미소 등의 조미료는 마지막으로 넣는 것이 바람직하며 **소** 특히 미소는 요리가 완성된 마지막에 불을 끄고 풀어 넣는 것이 제대로 미소의 맛을 즐길 수 있는 방법이다.

일본요리에 사용하는 조리도구

🟡 **세이로** 차완무시 등의 찜요리에 사용되는 찜기.

🟡 **스시 한다이** 초밥을 만들 때, 밥을 넓게 펼쳐 재빠르게 부채질을 하면서 단촛물을 섞는 작업을 하기 편하게 만들어진 도구.

🟡 **면자루** 차가운 우동이나 소바를 헹구어 그대로 담아 내갈 수 있게 1인분 사이즈로 만들어진 나무 소쿠리.

🟡 **자루** 일반적인 스테인리스 소쿠리로 데치거나 헹구는 작업이 많은 일본요리에 빼놓을 수 없는 필수 조리도구.

🟡 **덮밥 전용 냄비** 국자로 따로 떠서 밥 위에 올릴 필요 없이 1인분씩 조리하여 그대로 밥 위에 얹을 수 있게 만들어진 덮밥 전용 냄비. 오야코동처럼 계란이 부서지면 안 되는 덮밥 등에 적합하다.

🟡 **오토시부타** 상대적으로 적은 양의 수분으로 찌듯이 만드는 일본식 조림에 필요한 뚜껑. 일반적인 사용법은 뚜껑보다 큰 냄비에 빠트려서 요리가 끓으면서 수분이 증발되는 것을 막아주는데 뚜껑이 요리에 바짝 닿아 있기 때문에 증발되던 수분이 뚜껑에 부딪혀 다시 요리로 떨어지는 원리를 이용한 것.

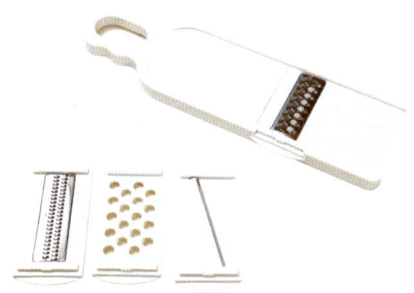

스리바치 우리나라에선 참깨 절구로 불린다. 스리바치에 생선의 살을 넣고 절구로 갈아 쓰미레나 사쓰마아게 등을 만들거나 참깨를 갈아 소스나 무침 등에 사용하고, 시라아에에 사용되는 두부를 곱게 으깨기도 한다.

긴노 스리오로시 단순하게 강판이라고 생각하면 쉽지만 재질이 스테인레스 또는 철로 되어 있어 이름도 '긴(銀·ぎん)의 강판'이라고 불리운다. 크기는 용도에 따라 다양하며 가장 작은 사이즈는 신선한 생와사비를 바로 갈아서 먹을 때 좋다.

호네 누키 커다란 족집게와도 같은 이 도구는 생선의 뼈를 발라낼 때 사용한다. 가바야키나 사바 미소같이 생선 필레를 써야 하는 요리에 사용한다.

● 구츠구츠의 계량

1큰술 : 15ml
소금, 간장, 미림, 미소 18g
물, 식초, 술 15g
식용유, 참기름, 마요네즈, 버터 12g
설탕, 전분, 밀가루 9g
빵가루 3g

1작은술 : 5ml
소금, 간장, 미림, 미소 6g
물, 식초, 술 5g
식용유, 참기름, 마요네즈, 버터 4g
설탕, 전분, 밀가루 3g
빵가루 1g

1컵 : 200cc
설탕, 전분, 밀가루 100g

* 필레 2쪽 : 1마리

일본요리의 기본, 다시 만들기
다시(だし)

일본요리에 사용되는 기본 베이스는 해산물을 이용한 다시가 주를 이룬다. 가장 널리 이용되고 있는 것은 가쓰오부시(가다랑어포)와 다시마로 단시간에 간단하게 우려내 조리가 가능하다. 그 외의 다시용 재료로는 보편적이지는 않지만 말린 고등어포나 멸치 등을 사용하기도 한다. 일본요리에 사용하는 다시는 크게 이치반 다시와 니반 다시로 나뉘는데, 이치반 다시는 다시마나 가쓰오부시를 이용하여 맑게 육수를 우려낸 것이고 니반 다시는 이치반 다시에 사용한 재료를 다시 우려낸 육수를 말한다.

① 이치반 다시(一番だし)

이치반 다시는 풍미와 감칠맛이 그대로 살아 있는 최상의 다시로 재료의 맛을 그대로 살리면서 다시의 맛도 살릴 수 있는 스이모노(일본식 맑은국), 다키코미고항(영양밥), 나베의 다시 등으로 사용하는 것이 적합하다.

다시마 다시
다시마로 우려내는 다시는 맛이 깔끔하면서도 깊이가 있어 어떤 요리에도 잘 어울리고 재료들의 맛을 방해하지 않아 우리나라에서도 많이 사용되고 있다. 기본 10cm×10cm의 다시마 1장에 물 3컵(약 600cc) 정도가 적당하며 주방 가위로 잘게 잘라서 사용하면 더욱 진하고 깊은 다시를 낼 수 있다. 다시마는 물에 담가 5~10분 정도 두었다가 끓이는데 물이 끓어오르기 시작하면 불을 끄고 다시마를 건져내도록 한다. 다시마 다시는 너무 오래 끓이면 다시마의 미끌미끌한 성분이 배어나와 국물이 탁해지고 풍미와 맛이 나빠진다.

가쓰오부시 다시
가쓰오부시 다시는 일식에서 가장 중요하고 익숙한 베이스라고 할 수 있다. 풍미가 강하고 감칠맛이 있어서 국물 요리 이외에 조림 등의 요리에도 사용되고 있다. 다시를 낼 때는 큼직하게 깎아낸 '하나(花)가쓰오'를 이용하는데, 후첨용으로 쓰이는 잘게 깎아낸 가쓰오부시로는 충분한 풍미의 다시를 기대할 수 없다. 다시는 하나가쓰오 30g에 물 3컵(약 600cc) 정도가 적당하며 처음부터 함께 넣고 끓이다가 물이 끓어오르기 시작하면

불을 끄고 고운체나 면포로 걸러내어 사용한다. 가쓰오부시 다시는 너무 오래 끓이면 떫고 신맛이 난다.

다시마·가쓰오부시 다시
일본에선 다시마와 가쓰오부시를 함께 사용하여 다시를 낸다. 가쓰오부시 다시는 풍미가 너무 강해서 거부감이 들 수도 있는데 다시마와 함께 우려내면 다시 자체가 부드러워지면서 더욱 감칠맛을 느낄 수 있다. 하나가쓰오 30g, 다시마 1장(10cm×10cm), 물 5컵(약 1000cc)를 준비한다. 물에 다시마를 넣고 끓이기 시작하다가 물이 확 끓어오르면 다시마를 건져내고 그대로 가쓰오부시를 넣고, 다시 끓어오르기 시작하면 불을 끄고 10초 정도 두었다가 깨끗하게 걸러낸다.

② 니반 다시(二番だし)

니반 다시는 재료의 맛을 용해시켜 끌어내는 역할을 하는데 따로 들어가는 조미료가 맛을 내주므로 조림이나 미소시루 등에 적합하다.

이치반 다시를 우리고 남은 건더기와 이치반 다시를 우릴 때 사용된 물과 동량의 물을 넣고 7~8분 정도 센 불에서 펄펄 끓이다가 체나 면포에 걸러내는데, 다시가 너무 연한 것 같으면 가쓰오부시를 조금 더 넣고 끓여도 된다.

> **TIP** 다시는 2~3일 정도 냉장 보관이 가능하므로 사용할 만큼의 다시를 한 번에 우려 식힌 후에 페트병 등에 담아 냉장 보관하는 것이 편리하다.

일러두기

이 책에 쓰이는 일본어의 대부분은 국립국어원의 외래어 표기법을 따랐으며 실제 발음과는 차이가 있을 수 있습니다. 국내에서 관용적으로 사용되는 일부 용어는 이를 반영하여 표기하였습니다. '구츠구츠'의 경우 저자가 사용중인 블로그 명과 닉네임을 반영하여 '구츠구츠'로 표기하였습니다.
(예) 우돈 → 우동, 규돈 → 규동, 고한 → 고항

一장
일본인에게 인정받는
매일밥상

매일밥상 001

아사즈케

浅漬け 일본식 절임 야채

오이와 무 아사즈케

오이 1개 **무** 5cm **다시마 쓰케지루** 3/4컵

1. 오이는 양쪽 꼭지 부분을 잘라 내고 1cm 정도의 두께로 어슷하게 썰고 무는 얇게 썰어 4등분으로 자른다.
2. 폴리백에 자른 오이와 무를 넣고 쓰케지루를 부은 다음, 입구를 손으로 잡고 쓰케지루가 잘 스며들게 손으로 적당히 힘을 주어 주무른다.
3. 주무른 오이와 무는 봉지째 냉장고에 넣고 차게 식혔다 내간다.

양배추와 파프리카 아사즈케

양배추 1/8통 **붉은 파프리카** 1/4개 **간장 쓰케지루** 1/2컵

1. 양배추는 2cm 정도로 두툼하게 채를 썰고 파프리카는 꼭지와 속을 제거한 뒤 1cm 정도로 채를 썰어 준비한다.
2. 폴리백에 자른 양배추와 파프리카를 넣고 쓰케지루를 부은 다음, 입구를 손으로 잡고 쓰케지루가 잘 스며들게 손으로 적당히 힘을 주어 주무른다.
3. 주무른 양배추는 봉지째 냉장고에 넣고 차게 식혔다 내간다.

배추 아사즈케

배추 1/4포기 **유자 쓰케지루** 3/4컵

1. 배추는 포기김치 썰듯이 약 5cm 폭으로 썰어 준비한다.
2. 폴리백에 자른 배추를 넣고 쓰케지루를 부어 입구를 손으로 잡고 쓰케지루가 잘 스며들게 손으로 적당히 힘을 주어 주무른다.
3. 주무른 배추는 봉지째 냉장고에 넣고 차게 식혔다 내간다.

● 쓰케지루(つけ汁)

쓰케지루는 쓰케모노(つけもの, 일본식 절임 야채)를 절일 수 있게 만든 절임장이라고 할 수 있다. 한국의 짜고 맛이 강한 장아찌와 다르게 살짝 절여 야채 본연의 맛과 식감이 살아 있다. 쓰케모노는 반찬이라기보다는 식사 중간에 개운하게 입가심을 해주는 역할을 한다. 간장이나 소금을 직접 가하지 않고 다시를 옅게 희석시켜 사용한다.

유자 쓰케지루
다시마 1장(10cmX3cm) **물** 5/4컵 **소금** 2/3큰술 **식초** 1/4컵 **설탕** 1작은술 **유기농 유자** 1/2개

냄비에 물과 다시마를 넣고 하루 정도 담가두었다가 가열하여 물이 끓기 직전에 담가둔 다시마를 건진다. 준비해둔 소금, 식초, 설탕과 함께 채 썬 유자 껍질을 넣고 가열한다. 물이 끓어오르기 시작하면 불을 끄고 식힌다.

간장 쓰케지루
다시마 1장(10cmX3cm) **물** 1/4컵 **국간장** 1/2컵 **식초** 1/4컵

냄비에 준비한 모든 재료를 넣고 가열한다. 물이 끓기 시작하면 불을 끄고 다시마를 건져내어 차게 식힌다.

다시마 쓰케지루
다시마 1장(10cmX3cm) **물** 5/4컵 **소금** 2/3큰술 **식초** 1/4컵 **설탕** 1작은술 **마른 고추** 1개

냄비에 물과 다시마를 넣고 하루 정도 담가두었다가 가열하여 물이 끓기 직전에 담가둔 다시마를 건진다. 준비해둔 소금, 식초, 설탕과 가늘게 자른 마른 고추를 넣고 다시 가열한다. 물이 끓어오르면 불을 끄고 식힌다.

> **TIP 시판용 아사즈케지루를 이용하자**
>
> 시판용 아사즈케지루를 이용하는 방법은 간단하다. 앞의 아사즈케 레시피에서 사용된 쓰게지루 대신 시판용 아사즈케지루를 사용하여 동일한 순서와 방법으로 아사즈케를 만들 수 있다. 오이 아사즈케의 경우 오이 1개에 시판용 아사즈케지루는 1/2컵이 적당하다.

한국요리와 달리 일본요리에는 마늘이 들어가지 않는다.

그러므로 일본인 남편이 마늘에 익숙하지 않은 것은 당연한 일.

그러나 신혼 초 나는 한식밖에 만들 줄 몰라서 우리 집 밥상은 늘 한식이었다.

그럼에도 남편이 맛있게 먹어줘서 한식이 남편의 입에도 잘 맞는다고 생각했다.

그러던 어느 날, 신랑이 울 듯한 목소리로 말했다.

"음식에 마늘 좀 안 넣으면 안 될까? 먹기가 너무 힘이 들어."

사실 남편은 한식이 입에 맞았던 게 아니라 신혼초라 내가 상처 받을까봐 말하지 못했던 것이다.

남편에게 어찌나 미안했던지. 그것이 나의 일본요리 정복기가 시작되는 순간이었다.

매일밥상 002

미소시루

味噌汁 일본식 된장국

팽이버섯 무 미소시루

무 5cm **팽이버섯** 1/2팩 **다시**● 3컵 **미소** 1큰술

1 무는 껍질을 벗기고 납작하게 썰어두고 팽이버섯은 밑동을 잘라 준비해둔다.
2 냄비에 다시를 붓고 썰어둔 무를 넣고 푹 익을 때까지 7~8분 끓여준다.
3 무가 부드럽게 익었으면 불을 끈 후 팽이버섯을 넣고 미소를 잘 풀어준다.
   송송 썬 쪽파 등을 올려줘도 좋다.

● 미소시루에 사용하는 다시는 특별히 어느 하나로 정해져 있지는 않지만 주로 가쓰오부시 다시를 사용한다. (p16 참조)

> **TIP** 미소시루에 사용하는 재료
>
> 미소시루에 사용되는 재료는 자투리 야채나 고기 등 어떤 것이라도 좋다. 미소시루의 기본은 다시에 재료를 완전히 익힌 후에 불을 끄고 미소를 풀어주는 것이다. 그래야만 미소의 풍미가 날아가지 않고 더욱 맛있는 미소시루를 만들 수 있다.

두부 미역 미소시루

두부 1/2모 **건미역** 1큰술 **다시** 3컵 **미소** 1큰술 **대파** 약간

1 건미역은 물에 담가 불리고 두부는 한입 크기로 썰어둔다.
2 냄비에 다시를 붓고 끓기 시작하면 두부와 미역을 넣는다.
3 2~3분 끓이다 불을 끄고 미소를 넣고 잘 풀어준다.
4 얇게 썬 대파를 올려준다.

바지락 미소시루

바지락 1팩 **쪽파** 5~6뿌리 **다시** 3컵 **미소** 1큰술

1. 바지락은 소금물에 해감시킨 것으로 준비하여 표면을 깨끗하게 문질러 닦아둔다.
2. 냄비에 다시를 붓고 끓기 시작하면 바지락을 넣고 전부 입이 벌어질 때까지 끓여준다.
3. 바지락이 모두 입을 벌리면 불을 끄고 미소를 풀고 송송 썬 쪽파를 넣는다.

매일밥상
003

돈지루

豚汁 돼지고기 된장국

가쓰오부시 다시 5컵 **얇게 썬 돼지고기** 50g
우엉 1/2뿌리 **당근** 1/3개 **곤약** 1/3개 **대파** 1/2뿌리 **미소** 1큰술 반 **고춧가루** 1/2큰술

1. 우엉은 칼등으로 살살 긁어 껍질을 벗긴 후에
   연필을 깎듯이 세워 얇고 길쭉하게 잘라 찬물에 5분간 담가 떫은맛을 빼준다.
2. 당근은 껍질을 벗기고 우엉과 비슷한 크기로 길쭉하고 얇게 썰어둔다.
3. 얇게 썬 돼지고기는 한입 크기로 대강 자른다.
4. 곤약은 숟가락을 사용해 한입 크기 정도로 끊어준다.
5. 냄비에 다시를 붓고 끓기 시작하면 준비한 재료를 전부 넣고 10분 이상 팔팔 끓인다.
6. 모든 재료가 충분히 끓었으면 불을 끈 후,
   얇고 동그랗게 썬 대파와 고춧가루, 미소를 넣고 잘 풀어준다.

> **TIP** 한국인 입맛에 맞는 돈지루 끓이기
>
> 한식에 비해 일식은 간이 약하므로 깊고 진한 맛을 내기 위해서는 사용하는 돼지고기를 잘 선택해야 한다. 완전 살코기보다는 지방이 적절히 섞인 부분이 좋으며 고기가 얇을수록 식감이 좋다. 샤부샤부용 돼지고기 등이 잘 어울린다. 뒷맛을 개운하게 해주는 후첨 고춧가루는 취향에 따라 양을 조절할 수 있으며 어린아이나 위가 약한 사람은 넣지 않아도 좋다.

매일밥상 004

오차즈케

お茶漬け 녹차밥

우메보시 오차즈케

(2인분) **우메보시**(크기 中 이상) 2개 **구운 김** 1장 **무순** 약간 **볶은 참깨** 약간 **밥** 1공기 **녹차** 2컵

1 대접에 밥을 반 공기씩 담고 무순과 김, 참깨를 넣고 우메보시를 맨 위에 올린다.
2 뜨겁게 우려둔 녹차를 1컵씩 부어준다.

- 우메보시(梅干し) 매실에 소금을 넣고 절인 일본요리.
- 오차(お茶) 차(茶)의 공손한 표현으로 녹차와 동일한 의미.

> **TIP 오차즈케의 오차**
>
> **녹차** 가장 일반적으로 사용되는 차는 엽녹차로, 흔히 구할 수 있는 티백 녹차를 우려내 부어주면 된다. 티백이 아닐 경우에도 녹차를 쓰지 않게 우려내면 된다. 취향에 따라 현미 녹차나 우롱차를 이용해도 좋다.
> **다시 녹차** 깔끔한 다시마 다시를 우려내 다시에 녹차 티백을 넣고 우려낸 다시즈케용 다시가 있다. 더욱 진한 다시를 원할 경우에는 가쓰오부시나 멸치 다시를 사용해도 좋다.

연어 오차즈케

(2인분) 구이용 연어 2조각 **구운 김** 1장 **무순** 약간 **볶은 참깨** 약간 **밥** 1공기 **녹차** 2컵 **와사비** 약간

1. 연어는 그릴이나 프라이팬에서 양면을 바삭하게 구워낸다.
2. 구워낸 연어는 껍질과 가시를 제거하고 한입 크기로 준비한다.
3. 큼직한 대접에 밥을 반 공기씩 담고 무순과 김, 준비해둔 연어와 참깨, 와사비를 보기 좋게 올린다.
4. 뜨겁게 우려둔 녹차를 1컵씩 부어준다.

명란젓 오차즈케

(2인분) **명란젓** 1덩어리 **구운 김** 1장 **무순** 약간 **볶은 참깨** 약간 **밥** 1공기 **녹차** 2컵

1 명란젓은 먹기 좋은 크기로 자르거나 속을 긁어내어 준비한다.
2 대접에 밥을 반 공기씩 담고 무순과 김, 참깨와 명란젓 반 을 올린다.
3 뜨겁게 우려둔 녹차를 1컵씩 부어준다.

매일밥상
005

오니기리

おにぎり 일본식 주먹밥

우메보시 오니기리

(4개분) 따끈한 쌀밥 2공기 **우메보시(中)** 4개 **구운 김** 2장 **소금** 1작은술

1. 우메보시는 씨를 제거하고 과육은 칼로 잘게 다져둔다.
2. 밥에 소금을 넣고 골고루 섞어 적당히 자른 랩 위에 주먹밥 1개 분량을 평평하게 올린다.
3. 밥 한가운데에 다져둔 우메보시를 올려준다.
4. 랩의 네 귀퉁이를 들어올려 뭉친 후, 삼각형으로 모양을 잡아서 먹기 직전 김을 감싸 내간다.

연어 오니기리

(4개분) 따끈한 쌀밥 2공기 **구이용 연어** 2조각 **볶은 참깨** 1작은술 **구운 김** 2장 **소금** 1작은술

1. 연어는 그릴이나 프라이팬에서 구워 껍질과 가시를 제거하여 잘게 다져둔다.
2. 다진 연어는 참깨를 넣고 골고루 섞어둔다.
3. 밥에 소금을 넣고 골고루 섞어 적당히 자른 랩 위에 주먹밥 1개 분량의 밥을 평평하게 올린다.
4. 밥 한가운데에 다진 연어를 올린다.
5. 랩의 네 귀퉁이를 들어올려 뭉친 후, 삼각형으로 모양을 잡아서 먹기 직전 김을 감싸 내간다.

명란젓 오니기리

(4개분) 따끈한 쌀밥 2공기 **명란젓** 1덩어리 **구운 김** 2장 **소금** 1작은술

1. 명란젓은 랩으로 한 번 말아 가운데 부분을 이쑤시개로 찔러 구멍을 내어둔다.
2. 밥에 소금을 넣고 골고루 섞어서 적당히 자른 랩 위에 주먹밥 1개 분량을 평평하게 올린다.
3. 밥 한가운데에 명란젓을 짜서 올린다.
4. 랩의 네 귀퉁이를 들어올려 뭉친 후, 삼각형으로 모양을 잡아, 먹기 직전 김을 감싸 내간다.

> **TIP 오니기리를 깔끔하게 만드는 방법**
>
> 원래 일본식 오니기리는 손에 물과 소금을 묻히면서 만드는 것이 정석인데 그 자리에서 당장 먹을 것이 아니라면 맨손으로 오니기리를 만드는 것은 세균 번식의 원인이 되므로 반드시 랩을 이용하여 만들도록 한다. 랩을 이용하면 손에 재료를 묻히지 않고도 깔끔하고 위생적으로 오니기리를 만들 수 있다. 참고로 오니기리의 속 재료 중에서 가장 세균 번식이 적은 재료는 우메보시로 자체 살균작용이 뛰어난 식품으로 유명하다.

사카나노 시오야키

魚の塩焼き 생선 소금구이

꽁치 시오야키

꽁치 1마리 **소금** 1/2작은술 **무** 5cm **간장** 1큰술 **스다치(영귤) 혹은 레몬** 1조각

1. 꽁치는 깨끗하게 키친타월로 물기를 닦아내고 중간중간 사선으로 칼집을 넣어 준비된 분량의 소금을 뿌려준다.
2. 달구어진 그릴에 꽁치를 올려 한쪽 면을 5~6분간 완전히 익힌 뒤, 뒤집어 반대편도 3분간 구워준다.
3. 생선이 구워지는 동안 무를 강판에 갈아 소쿠리에 받쳐둔다. 이때, 간 무는 절대 짜지 않는다.
4. 구워진 생선은 소쿠리에서 물기가 빠진 간 무와 함께 접시에 올리고 스다치나 레몬을 곁들인다.
5. 먹기 직전 간 무에 취향대로 간장을 부어 꽁치와 함께 먹는다.

고등어 시오야키

고등어 필레(간하지 않은 생 고등어) 2쪽 **소금** 1작은술 **간 무** 1/2큰술 **레몬** 1조각

1. 고등어는 손질이 되어 있는 필레를 구입하여 소금을 골고루 뿌리고 20분 정도 랩을 씌워 냉장고에 넣어둔다.
2. 20분이 지난 고등어는 키친타월로 가볍게 배어나온 수분을 닦아낸다.
3. 달구어진 그릴에 고등어의 안쪽 면을 먼저 5~6분간 굽다가 비늘이 있는 면으로 뒤집어 3분간 더 굽는다.
4. 구워진 고등어는 간 무와 레몬 등을 곁들여 먹으면 좋다.

이면수 시오야키

구이용 이면수 필레 2쪽 **소금** 1작은술 **간 무** 1/2큰술 **간장** 1큰술 **스다치 또는 레몬** 1조각 **시치미** 약간

1. 이면수는 손질이 되어 있는 필레를 구입하여 소금을 나눠 골고루 뿌려 20분 정도 랩을 씌워 냉장고에 넣어둔다.
2. 20분이 지난 이면수는 키친타월로 가볍게 배어나온 수분을 닦아낸다.
3. 달구어진 그릴에 이면수의 안쪽 면을 먼저 7분간 굽다가 비늘이 있는 면으로 뒤집어 5분간 더 굽는다.
4. 간 무에 시치미(칠미가루)를 약간 뿌리고 스다치나 레몬 조각을 곁들여 내간다.

연어 시오야키

구이용 연어 2조각 **소금** 1/2작은술 **꽈리고추** 2~3개 **스다치 또는 레몬** 1조각

1. 연어의 안쪽 면에 소금을 나눠 골고루 뿌리고 20분 정도 랩을 씌워 냉장고에 넣어둔다.
2. 20분이 지난 연어는 키친타월로 가볍게 배어나온 수분을 닦아낸다.
3. 달구어진 그릴에 연어의 안쪽 면이 위로 오도록 올리고 4~5분간 굽다가 비늘 있는 면으로 뒤집어 3분간 더 굽는다. 연어를 꺼내기 1분 전에 꽈리고추를 함께 넣고 살짝 구워낸다.
4. 구워진 연어는 꽈리고추와 함께 접시에 올려 스다치나 레몬을 곁들여 먹기 직전에 살짝 뿌려 먹으면 좋다.

TIP 생선을 맛있게 잘 굽는 방법

1. 생선은 조리하기 전에 절대 물로 닦아내지 않는다. 물로 생선을 씻으면 맛과 영양분, 좋은 지방 성분들이 씻겨나가고 비린내가 날 수 있기 때문에 깨끗한 거즈나 키친타월로 가볍게 닦아내도록 한다.
2. 생선은 크기에 따라 굽는 순서가 다르다. 우선 꽁치나 조기처럼 비늘이 얇고 크기가 작은 생선은 비늘 부분부터 구워주고, 고등어나 이면수처럼 중간 크기 이상의 생선들은 안쪽의 살 부분부터 구워줘야 태우거나 퍼석거리지 않게 구워낼 수 있다.
3. 그릴이나 생선구이 전용 팬을 이용할 때, 생선의 비늘이 눌어붙어 고생한 경험이 한두 번씩은 있을 것이다. 새로 구입한 그릴이나 팬의 경우에 더욱 심한데 그릴도 구입 후에 길을 잘 들여야 생선구이가 깔끔하고 맛있게 만들어진다. 우선 키친타월에 식용유를 충분히 적셔서 석쇠에 골고루 발라주고, 석쇠 아랫부분의 철판에 물을 반 컵 정도 부어 떨어지는 기름이 튀거나 불이 붙는 것을 막는다. 제철 생선이 아닐 경우, 생선 자체의 지방이 적어 들러붙을 수가 있는데 이럴 때는 생선의 표면을 식용유에 적신 키친타월로 가볍게 두드려준 후에 구우면 된다.
4. 생선을 구울 때는 딱 한 번만 뒤집도록 한다. 생선을 자주 뒤집으면 생선에서 배어나온 기름이 날아가버려서 살이 딱딱해지고 퍼석거리게 된다.

매일밥상 007

낫토 納豆

(1인분) **낫토** 1팩 **밥** 1공기 **계란** 1개 **쪽파** 약간

밥 위에 낫토와 신선한 날계란의 노른자와 송송 썬 쪽파를 얹어 비벼 먹는다.
일본에서 낫토를 먹는 가장 일반적인 방법 중 하나다.

● 일본의 파워 푸드 낫토

원래 낫토는 관동지방의 이바라키현을 중심으로 한 향토음식으로 친숙한 먹거리다. 낫토를 전국적으로 먹기 시작한 것은 불과 10~20년 전이지만 지금은 파워 푸드로 인정받아 전국적으로 소비되고 있다. 우리나라에서도 낫토 붐이 일고 있는데 독특한 냄새 때문에 쉽게 도전하지 못하는 사람이 많다. 그래서 간사이지방의 돗토리현의 시민 누구나가 좋아하는 스태미나 낫토 레시피를 소개한다. 매콤한 타바스코가 들어가 한국인의 입맛에도 잘 맞을 것이다.

스태미나 낫토
낫토 1팩 **간 닭고기** 100g **다진 마늘** 1작은술 **다진 생강** 1작은술 **대파** 1/2뿌리
간장 1큰술 **청주** 1큰술 **미림** 1큰술 **참기름** 1작은술 **타바스코** 1작은술

1 프라이팬에 참기름, 간 닭고기, 다진 마늘과 생강을 넣고 덩어리로 뭉치지 않게 젓가락으로 계속 저어가며 볶아준다.
2 닭고기가 완전히 익었으면 접시에 덜어내 살짝 식히고, 낫토는 팩에서 꺼내 칼로 잘게 다지거나 포크로 으깨준다.
3 볶은 닭고기와 다진 낫토, 간장과 청주, 미림을 볼에 넣고 젓가락으로 마구 휘저어 잘 섞어준다.
4 모든 재료가 골고루 섞였으면 다진 파와 타바스코를 넣고 다시 한번 가볍게 섞어준다.

> **TIP** 낫토를 맛있게 먹는 6가지 방법
>
> 1 **다진 파** 파는 대파, 쪽파 상관없이 잘게 다져서 1큰술 정도 넣고 함께 섞어 먹는다.
> 2 **가쓰오부시** 후첨용 가쓰오부시로 취향대로 양을 조절하여 넣고 잘 섞어준다.
> 3 **겨자** 겨자는 일반적으로 낫토 안에 나레와 힘께 들이 있는데 좋아한다면 더 넣어도 상관없다
> 4 **삶아서 다진 오크라** '오크라'라는 열대 채소를 소금으로 문질러 씻은 후에 뜨거운 물에 4~5분 데쳐서 잘게 다져 넣고 섞어 먹는다.
> 5 **다진 배추김치** 배추김치를 잘게 다져서 함께 섞거나 김치를 먼저 밥 위에 올리고 다레와 섞은 낫토를 올려 먹는다.
> 6 **간 무+간장** 무를 강판에 갈아 소쿠리에서 여분의 수분을 빼주고(이때, 절대 눌러서 짜지 않는다) 간장을 1작은술 정도 넣고 낫토와 잘 섞어서 먹거나, 밥 위에 낫토를 먼저 올리고 간장을 뿌린 간 무를 올려서 먹어도 좋다.

히야앗코
冷奴 일본식 냉두부

매일밥상 008

연두부 1모　**간 생강** 1/2작은술　**후첨용 가쓰오부시** 1/2팩(2g)　**쪽파** 1뿌리　**간장** 취향대로

1. 두부는 물기를 살짝 빼두고 쪽파는 송송 썰고, 생강은 갈아둔다.
2. 취향에 따라 두부는 2등분, 4등분으로 나누거나 통으로 접시에 담고, 가쓰오부시와 함께 준비한 야쿠미●를 적당히 올린 후에 간장을 뿌려 먹는다.

● **히야앗코의 기본 야쿠미(薬味, 고명)**

간 생강　생강은 강판에 갈아 취향대로 올린다.
가쓰오부시　후첨용 가쓰오부시를 취향대로 적당량 올린다.
다진 파　대파, 쪽파 종류에 관계없이 송송 썰거나 다져서 올린다.
간장　입맛에 맞게 적당량 뿌려 먹는다.

각 재료를 취향대로 조금씩 두부에 올린 후, 간장을 뿌려 먹어도 좋다.

명란젓 히야얏코

연두부 1모 **명란젓** 1/2덩어리 **다진 파** 2큰술 **양하** 1개

1 명란젓은 숟가락으로 속을 긁어내고 양하는 물기를 제거하고 다져둔다.
2 긁어낸 명란과 다진 파, 양하를 볼에 넣고 잘 섞어 연두부 위에 올려 내간다.

우메보시 히야얏코

연두부 1모 **우메보시** 2개 **다진 셀러리** 1큰술 **다진 차조기 또는 깻잎** 3장

1. 우베보시는 씨를 빼내고 남은 과육을 칼로 잘게 다져준다.
2. 다진 셀러리와 차조기 또는 깻잎을 우메보시 과육과 섞어 연두부 위에 올려 내간다.

매일밥상 009

사바미소

さば味噌 고등어 미소조림

고등어 필레 2쪽 생강(小) 1톨 대파(흰 부분) 약 15cm 꽈리고추 7~8개 물 2컵
미소 다레 : 미소 1큰술 반 미림 2큰술 설탕 1큰술

1 고등어 필레는 반으로 잘라 비늘이 있는 면에 칼집을 두세 군데 넣는다.
2 칼집을 넣은 고등어는 소쿠리에 겹치지 않게 담고 앞뒤로 뜨거운 물 6컵 정도를 붓는다.
3 생강은 얇게 저미고 대파는 3등분으로 잘라 준비해둔다.
4 꽈리고추는 꼭지를 떼어내고 양념이 잘 배어들 수 있게 이쑤시개 등으로 듬성듬성 구멍을 뚫어준다.
5 냄비에 물 2컵을 붓고 생강을 넣고 끓인다. 생강향이 올라오기 시작하면 불을 줄이고 손질한 고등어를 천천히 한쪽 씩 넣고 10분 정도 끓인다.
6 고등어가 80% 정도 익었으면 냄비에 잘라둔 대파를 넣어준다.
7 대파가 익을 동안 미소, 설탕, 미림을 섞어 미소 다레를 만들어둔다.
8 냄비에 미소 다레와 꽈리고추를 넣고 5분 정도 더 조린다.

TIP 비리지 않은 고등어 미소조림 만들기

고등어를 조리하기 전에 뜨거운 물을 충분히 부어 표면에 부착된 잡균을 없애고 고등어의 비늘과 살 사이의 단백질을 응고, 수축시켜 비린내가 나는 것을 방지한다. 이렇게 하면 비린내 제거는 물론, 고등어의 육즙이 밖으로 새어나오는 것을 막아 퍼석하지 않고 더욱 부드러운 고등어조림을 만들 수 있다.

매일밥상 010

니쿠자가
肉じゃが 고기 감자조림

감자(大) 4개 얇게 썬 소고기 또는 돼지고기 200g 양파 1개 당근(中) 1개 꽈리고추 7~8개
다시마 다시 2컵 국간장 3큰술 설탕 1큰술 미림 2큰술

1 감자는 껍질을 벗겨 4등분하여 찬물에 5분 정도 담가 전분을 빼준다.
2 당근은 껍질을 벗기고 연필 깎듯이 돌려가며 큼직하게 썬다.
3 양파는 1cm 정도 폭으로 세로로 썰고 꽈리고추는 꼭지를 따서 이쑤시개로 구멍을 내어둔다.
4 프라이팬에 식용유를 1큰술 두르고 감자를 볶다가 표면이 투명해지면 당근과 양파를 넣고
   2~3분 더 볶아주다 다시마 다시를 붓고 끓인다.
5 다시가 끓기 시작하면 고기를 천천히 나눠서 넣는다. 이때 떠오르는 부유물은 국자 등을 이용해 걷어낸다.
6 5에 미림과 설탕을 넣고 오토시부타● 또는 쿠킹호일을 적당량 잘라서 구겼다 펼친 것을
   조림 바로 위에 덮고 중불에서 15분간 끓인다.
7 재료가 모두 골고루 익었으면 국간장을 넣고 2~3분 더 끓이다가 꽈리고추를 넣고 1분 정도 끓여준다.

● 오토시부타 p14 참조

TIP 니쿠자가 맛있게 만드는 비결

1 끓이다보면 야채가 뭉그러질 수 있으므로 기름에 살짝 볶아준다.
2 고기는 살코기보다 지방이 적당히 섞인 고기를 사용하는 것이 훨씬 식감이 좋다.
3 호일을 바짝 덮어주면 적은 양의 수분으로도 재료를 골고루 익힐 수 있다.
4 국간장을 가장 나중에 넣어야 재료 본래의 맛을 살리고 염분을 줄일 수 있다.
5 꽈리고추는 요리가 완성되고 난 다음에 넣고 살짝 익혀야 색감과 맛을 살릴 수 있다.
6 실곤약을 넣으면 더욱 푸짐하고 맛있게 즐길 수 있다.

지쿠젠니
筑前煮 닭고기 야채조림

매일밥상 011

(2인분) **닭허벅살** 1장(약 200g) **우엉** 1/2뿌리 **연근** 1개 **당근** 1/2개 **표고버섯** 5장
깍지콩 또는 꽈리고추 15개 **다시마 다시** 2컵 **청주** 2큰술 **간장** 4큰술 **미림** 2큰술 **설탕** 1큰술

1. 우엉은 칼등으로 껍질을 벗겨 돌려가며 큼직하게 썰어 찬물에 2~3분 담가둔다.
2. 연근도 껍질을 벗기고 5mm 두께로 반달로 썰어 식초를 1큰술 넣은 찬물에 2~3분 담가둔다.
3. 당근은 껍질을 벗기고 큼직하게 썰어두고 표고버섯은 밑동을 잘라 준비해둔다. 건 표고버섯의 경우 물에 담가 불려둔다.
4. 닭허벅살은 한입 크기로 잘라둔다.
5. 냄비에 식용유를 1큰술 두르고 중불에서 닭고기를 볶다가 표면에 색이 돌기 시작하면 우엉, 연근을 넣고 1~2분 더 볶아준다.
6. 전체적으로 기름기가 돌면 다시마 다시를 붓고 끓기 시작하면 청주와 표고버섯을 넣고 5분 정도 끓여준다. 이때 떠오르는 부유물은 국자로 깨끗하게 떠내도록 한다.
7. 5분간 끓였으면 잘라둔 당근과 미림, 설탕을 넣고 1~2분 더 끓이다가 간장을 넣고 오토시부타나 쿠킹호일을 덮은 후, 모든 재료가 부드러워질 때까지 10분 정도 더 끓인다.
8. 재료가 부드럽게 익었으면 깍지콩을 넣고 1분 정도 더 조린 후 그릇에 담는다.

매일밥상 012

가레이 노 니쓰케

カレイの煮つけ 가자미 조림

(2인분) 가자미 2조각 생강 1톨 다시마 다시 1컵
간장 5큰술 미림 5큰술 청주 5큰술 설탕 1큰술

1. 생강은 얇게 편으로 썰어두거나 가늘게 채 썰어둔다.
2. 가자미는 비늘이 있는 곳을 칼등으로 긁어내 미끈거리는 것을 제거한다.
3. 가자미는 소쿠리에 올리고 뜨거운 물을 충분히 부어 여분의 기름기를 제거하고 단백질을 수축, 응고시켜 비린내가 나는 것을 막는다.
4. 프라이팬에 다시마 다시를 붓고 미림, 청주, 설탕과 생강을 넣고 끓이다가 국물이 끓기 시작하면 가자미의 비늘이 위로 오게 한 조각씩 천천히 넣는다.
5. 가자미의 표면이 익었으면 간장을 넣고 중불에서 조린다. 숟가락 등을 이용하여 국물을 위에서 끼얹어주면서 조리다 오토시부타를 덮고 7~8분 정도 약불에서 조려준다.
6. 전체적으로 국물이 거의 졸아들었으면 오토시부타를 빼내고 남아 있는 국물을 끼얹어주면서 1분 정도 더 조리면 광택이 나게 조려낼 수 있다.

TIP 감칠맛 나는 일본식 조림의 포인트

1 재료의 기본 준비를 철저히 한다. 기본 준비가 잘되어 있어야 잡스러운 맛이 없는 깔끔한 조림을 만들 수 있다. 예를 들어 조림에 사용되는 무는 쌀뜨물로 6~7분 삶아주면 나쁜 맛이 빠져 깔끔한 맛을 낼 수 있다. 토란도 끓는 물에 한 번 데치면 특유의 미끈거리는 성분이 어느 정도 제거된다. 우엉이나 연근은 식초를 섞은 찬물에 2~3분 담가 떫은 맛을 빼준다. 이와 같은 전 처리를 해두면 완전 다른 조림 요리를 만들어낼 수 있다.

2 사시스세소 규칙●을 지킨다. 조림에 사용되는 조미료를 넣는 순서인 '사시스세소' 규칙을 지키면 전체적으로 단맛과 짠맛이 제대로 조화되어 재료 본래의 맛을 방해하지 않으면서 좀더 풍미가 살아 있는 요리를 만들 수 있다.

3 부글부글 끓이지 않는다. 조림은 적은 양의 국물로 재료를 익히고 맛을 내는 요리다. 기본적으로 식재를 끓이면 재료 안의 수분이 팽창하여 밖으로 흘러나왔다가, 온도가 떨어지면 그 수분이 다시 식재 안으로 흡수된다. 이때 불이 너무 세면 재료들이 수분을 흡수하기 전에 전부 뭉개지므로 조림은 중불~약불에서 오토시부타를 사용하면서 천천히 조리도록 한다.

● 사시스세소 규칙 p13 참조

후로후키 다이콘

風呂吹き大根 무 다시 조림

매일밥상 013

무 10cm **다시마 · 가쓰오부시 다시** 5컵
미소 소스 : 미소 2큰술 **미림** 2큰술 **설탕** 1/2큰술 **참기름** 1작은술

1. 무는 3cm 정도 두께로 잘라 두껍게 껍질을 돌려 벗기고 각진 부분은 둥그렇게 잘라낸다.
2. 자른 무는 쌀뜨물에 5~6분간 데친다.
3. 쌀뜨물에서 데쳐낸 무는 다시마 · 가쓰오부시 다시에 넣고 15분간 중불에서 푹 끓여낸다.
4. 3에서 무를 끓여낸 다시 3큰술을 미소, 미림, 설탕과 함께 작은 냄비에 넣고 약불에서 잘 섞어 데운다. 미소가 골고루 잘 섞였으면 불을 끄고 참기름을 넣어 미소 소스를 만든다.
5. 접시에 삶은 무를 올리고 미소 소스를 1큰술 올려 내간다.

TIP 쌀뜨물은 쌀을 씻을 때 가장 처음 씻은 물은 먼지나 더러운 이물질이 섞여 있기 때문에 버리고 두 번째로 씻은 물을 이용하도록 한다.

매일밥상 014

고보노 고마아에

ごぼうの胡麻和え 우엉 참깨무침

우엉 1/2뿌리 간 참깨 3큰술 설탕 1큰술 간장 1큰술

1. 우엉은 칼등으로 슬슬 긁어내어 껍질을 벗기고 깨끗하게 씻어 15cm 정도로 잘라서 뜨거운 물에 5분간 데쳐낸다.
2. 데친 우엉은 밀대나 빈 병을 이용해서 가볍게 두들긴 다음, 약 5cm 폭으로 잘라준다.
3. 우엉이 식기 전에 참깨와 설탕, 간장과 함께 버무린다.

TIP 우엉의 조리방법과 손질

일식에서 우엉은 매우 자주 등장하는 식재 중의 하나이다. 고유의 독특한 향과 씹는 맛이 훌륭한 우엉은 늦가을에서 초겨울이 제철이며 섬유질이 풍부해 다이어트와 변비에 좋다. 국이나 전골은 물론, 조림, 튀김, 무침, 샐러드에 이르기까지 조리에 있어 응용 방법이 다양하다. 조리 전에 식초를 약간 탄 찬물에 3~4분 담가 떫은맛과 갈변현상을 일으키는 탄닌성분을 빼주는 것이 좋다. 데쳐내서 무쳐야 하는 요리는 따로 물에 담글 필요없이 데치는 과정만으로 충분하다.

매일밥상 015

규리토 와카메노 스노모노

きゅうりとワカメの酢の物 오이 미역 초무침

오이 1/2개　**건미역** 5g　**식초** 2큰술　**간장** 2큰술　**설탕** 2작은술　**소금** 1/4작은술

1　미역은 물에 담가 불리고 오이는 얇고 동그랗게 썰어서 소금 1작은술을 뿌려 조물조물 버무린다. 2~3분간 뒀다가 찬물로 헹궈 손으로 꼭 짜둔다.
2　물에 불린 미역은 손으로 짜서 물기를 제거하고 작게 잘라둔다.
3　볼에 모든 재료를 넣고 골고루 버무린다.

● <u>스노모노</u>(酢の物) 생선이나 조개, 채소 등을 식초로 조미한 요리를 말한다.

> **TIP**　무침의 기본비율
>
> **1 삼배합** 삼배합은 식초, 간장, 미림을 각각 동량으로 섞은 것을 말한다. 미림 대신 설탕을 사용해도 되는데 식초 1 : 간장 1 : 설탕 1 작은술의 배합으로 사용하면 좋다. 조개류나 문어, 새우 등의 해산물이나 오이에 잘 어울린다.
> **2 이배** 이배합은 식초와 간장을 동량으로 섞은 것으로 단맛이 나지 않아 깔끔한 생선 요리에 어울린다.

매일밥상 016

호렌소노 시라아에

ほうれん草の白和え 시금치 두부무침

시금치 1단 **연두부** 1/2모 **간 참깨** 1큰술 **간장** 1작은술 **미소** 1작은술
설탕 1작은술

1. 시금치는 소금물에 3~4분 데쳐 소쿠리에 건져 한 김 식히고 물기를 가볍게 손으로 짜준 후에 3cm 길이로 자른다.
2. 연두부는 뜨거운 소금물에서 약 3~4분 정도 데치고 수분을 뺀 다음, 볼에 넣고 거품기로 휘저어 뭉개거나 스리바치로 뭉갠 후, 간 참깨, 간장, 미소, 설탕을 넣고 잘 섞어준다.
3. 데쳐둔 시금치와 양념 된 두부를 가볍게 섞어준다.

● **시라아에(白和え)**

시라아에는 일본의 가장 기본적인 두부 요리법 중 하나. 두부를 부드럽게 으깨 간장이나 미소로 간을 하여 드레싱 감각으로 버무려내는 음식이다. 버무리는 재료는 시금치부터 아스파라거스, 브로콜리, 우엉, 톳이나 버섯에 이르기까지 어떤 재료도 잘 어울린다. 마요네즈에 버무리는 요리 대신 시라아에로 조리하면 식감은 비슷하면서 칼로리는 낮추는 효과가 있다.

TIP 스리바치(すりばち)의 활용

일식 돈가스 집에 가면 요리가 나오기 전에 소스에 넣을 깨를 가는 작은 절구를 본 일이 있을 것이다. 이것이 바로 스리바치로 우리나라에선 참깨 절구로 불린다. 스리바치의 크기는 작은 것에서부터 큰 것까지 다양한데 여러 가지 요리에 사용하려면 지름 24cm 이상의 것을 구입하는 것이 좋다. 참깨를 넣고 갈아 소스나 무침 등에 사용하거나 시라아에에 사용되는 두부를 곱게 으깨기도 한다. 요즘은 푸드 프로세서나 핸드 블렌더 등이 보급되어 있지만 참깨나 호두 같은 경우에는 필요할 때 바로 조금씩 갈아서 조리하는 것이 풍미나 맛을 더욱 살릴 수 있다.

(2인분) **닭가슴살** 1장(200g) **우메보시**(中) 2개 **차조기** 2장 **슬라이스 치즈** 1장
소금 1/4작은술 **후추** 약간 **빵가루** 2큰술 **계란** 1개 **밀가루** 1큰술

1. 닭가슴살은 껍질과 여분의 지방을 떼어내고 너무 두꺼우면 반으로 저미듯이 잘라 펼친 후, 소금과 후추를 적당히 뿌려둔다.
2. 우메보시는 씨를 빼내고 과육을 칼로 잘게 다져두고, 차조기는 깨끗하게 씻어 물기를 제거해둔다.
3. 밑간을 해둔 닭가슴살에 우메보시 과육을 얇게 펴 바르고 차조기를 두 장 깐 후, 슬라이스 치즈를 길게 찢어 올려 돌돌 말아준다.
4. 닭고기는 밀가루, 달걀물, 빵가루의 순으로 튀김옷을 입혀 170~175도에서 밝은 갈색이 돌 때까지 바삭하게 튀겨낸다.
5. 튀겨낸 닭고기는 식기 전에 칼로 잘라 내간다.

매일밥상 017

梅干ロールカツ

우메보시 롤가쓰

✚ 브로콜리 맛살 우메무침

브로콜리 1개 **게맛살** 3조각 **우메보시** 1개 **미림** 1큰술 **참깨** 1작은술

1. 브로콜리는 한입 크기로 잘라 소금물에 살짝 데쳐 물기를 빼주고 게맛살은 손으로 대강 찢어놓는다.
2. 우메보시는 씨를 빼내고 칼로 곱게 다져 미림, 참깨와 함께 잘 섞는다.
   준비된 브로콜리와 게맛살과 함께 골고루 섞어낸다.

처음으로 요리 책을 보고 일본 남자가 좋아한다는 요리들을 만들어 내밀었더니

신랑의 밥을 먹는 표정이 이전과 달랐다.

신랑이 맛있게 먹어주니 나 역시 기뻤다.

일본요리는 싱겁고 밍밍할 것 같지만 생각보다 맛이 좋았고,

자꾸 하다보니 할 수 있는 요리도 늘어났다.

그러던 어느 날, 신랑의 두 번째 요청이 들어왔다.

"나 미소시루가 먹고 싶어."

아차, 나는 실제 일본 가정식의 기본이라는 미소시루는

신랑에게 단 한 번도 만들어주지 않았던 것이다.

매일밥상 018

가키아게

かき揚げ 일본식 야채·해물 튀김

(2인분) **당근** 1/2개 **우엉** 1/2뿌리 **양파** 1/2개 **미나리** 1/2단 **건새우**(小) 1/2컵 **박력분** 1컵
계란(냉장고에서 차게 식힌) 1개 **얼음물** 3/4컵 **소금** 1작은술

1. 우엉은 칼등으로 긁어 껍질을 벗기고 연필 깎듯이 얇게 깎아 찬물에 2~3분간 담가둔다.
2. 당근과 양파는 얇게 채를 썰고 미나리는 5cm 길이로 잘라 준비한다.
3. 얼음을 넣은 볼 위에 반죽용 볼을 포개어 계란과 얼음물, 소금을 넣고 잘 섞은 후, 밀가루를 2번에 나눠가며 섞어주되 너무 휘젓지 않는다.
4. 준비한 야채와 건새우는 한데 섞어 밀가루 1큰술을 뿌려 튀김옷이 잘 붙을 수 있게 가볍게 뒤적인 다음에 3의 반죽에 넣고 잘 섞어준다.
5. 섞은 반죽을 작은 앞접시에 덜고 175도 정도의 기름에 접시를 기울여 반죽을 흘리듯이 넣고 바삭하게 튀겨낸다.
6. 튀겨낸 튀김은 튀김망이나 키친타월을 사용하여 여분의 기름을 빼준 후에 내간다.

> **TIP** 가키아게의 모양 잡기
>
> 가키아게의 모양과 재료는 만드는 사람과 상황에 따라 달라진다. 가키아게의 크기는 만들고자 하는 요리에 맞추어 결정하는 것이 좋다. 예를 들어 큼직한 대접 위에 가키아게를 올리는 '가키아게동(かき揚げどん, 튀김덮밥)'을 만들 경우에는 큼직한 접시를 이용하여 만들고 소바나 소면 등에 곁들인다면 앞접시 등을 이용해 만든다. 아이들 간식이나 안주로 만들 경우에는 숟가락으로 반죽을 떠내서 튀겨내면 된다. 가키아게의 크기에 따라 들어가는 재료의 크기를 고려하여, 큰 것은 조금 큼직하게 썰어야 야채가 타거나 마르지 않고 작은 것은 작게 잘라야 속까지 확실히 익힐 수가 있다.
>
> **가키아게에 어울리는 재료**
> 야채류 : 당근, 양파, 대파, 고구마, 미나리, 수경채, 깻잎, 옥수수 등
> 어패류 : 생새우, 건새우, 오징어, 조갯살, 관자 등

(2인분) 계란 2개 가쓰오부시 다시 1컵 닭가슴살 20g 중하(머리가 달린) 2마리 표고버섯 1장 은행 4개
가마보코(찐 어묵) 2조각 게맛살 1/2개 미나리 또는 무순 약간 국간장 1작은술 미림 1작은술 소금 1/3작은술

1 표고버섯은 밑동을 잘라 세로로 썰어 4등분하고 게맛살과 가마보코는 한입 크기로 2조각씩 잘라 준비한다. 닭가슴살은 얇게 포를 떠서 2장을 준비하고 새우는 수염이나 다리를 주방 가위로 깔끔하게 잘라둔다.
2 계란은 볼에 넣고 국간장, 미림, 소금을 넣어 한 번 섞어준 후, 식힌 다시를 붓고 잘 섞어 고운체로 걸러둔다.
3 용기에 닭고기와 새우를 넣고 2의 계란물을 용기 절반까지 붓고 뚜껑을 덮어 김이 오른 찜기에 넣고 3~4분 정도 쪄준다.
4 용기를 다시 꺼내서 표고버섯, 은행, 게맛살, 가마보코를 올리고 남은 계란물 절반을 부어 뚜껑을 덮고 4분간 더 쪄준다.
5 꼬치로 바닥까지 찔러 계란물이 묻어나오지 않으면 완성이다. 미나리나 무순 등을 올리고 뚜껑을 덮어 티스푼과 내간다.

TIP 푸딩처럼 매끄러운 계란찜 만들기

1 계란물을 반드시 걸러준다. 계란물을 체에 거르지 않은 채 조리하게 되면 알끈이 그대로 남고 입자가 커서 매끄러운 계란찜을 완성할 수 없다.
2 뚜껑은 용기보다 큰 것을 사용한다. 계란찜을 찔 때 반드시 뚜껑을 덮는다. 그 이유는 찜기 안의 물이 증발되어 뚜껑에 부착되었다 물방울이 되어 아래로 다시 떨어지는데, 뚜껑을 덮지 않으면 계란찜 안으로 떨어져 기포가 생기거나 패이는 현상이 일어나기 때문이다. 또한 용기보다 작은 뚜껑을 사용하게 되면 뚜껑과 용기 사이로 수분이 침투하므로 반드시 용기보다 큰 뚜껑을 사용한다.
3 약한 불로 찌도록 한다. 계란이 익는 온도는 60~80도로 물이 끓는 온도보다 낮다. 다시와 함께 섞인 계란은 높은 온도에서 찌게 되면 계란물 안의 수분이 급격히 팽창하면서 큰 기포를 만들어 울퉁불퉁한 계란찜이 되어버린다.
4 계란물을 나눠 넣는다. 계란찜 안에 여러 재료들이 들어 있어서 사실 계란찜이 익는 데 걸리는 시간은 그리 길지 않다. 그러나 한 번에 계란물을 부은 경우, 속까지 제대로 익었는지 알 수 없고, 속이 익을 때까지 가열을 하다보면 본의 아니게 테두리 부분이 오그라드는 경우가 있다. 이럴 때는 계란물을 반으로 나눠서 찌면 속이 제대로 익었는지 걱정하지 않고도 표면을 매끄럽게 완성할 수 있다.

매일밥상
019

茶碗蒸し 일본식 계란찜

차완무시

二장
한국인들이 좋아하는
일품요리

일품요리 020

오야코동

親子丼 닭고기 계란덮밥

(2인분) **닭허벅살** 2장(400g) **계란** 2개 **가쓰오부시 다시** 2컵 **양파** 1/2개 **대파** 1뿌리
간장 5큰술 **미림** 5큰술 **설탕** 1큰술 **따뜻한 밥** 2공기 **미나리** 약간

1. 닭고기는 지방질이 적당히 들어간 허벅살로 준비하여 한입 크기로 잘라둔다.
2. 양파는 세로로 얇게 썰어 우묵한 프라이팬에 닭고기와 함께 넣고 다시를 부어 센 불에서 7~8분간 끓인다.
3. 재료들이 어느 정도 익었으면 미림과 설탕을 넣고 불을 중불로 줄이고 2~3분간 더 끓이다가
  어슷하게 썬 대파와 간장을 넣은 다음 다시 3분간 끓여준다.
4. 계란은 1개씩 그릇에 깨서 완전히 풀지 말고 노른자가 터져서 살짝 섞이는 정도로 준비한다.
5. 덮밥용 냄비에 1인분 분량씩 3을 넣고 중불에서 계란을 천천히 두르고 계란이 70% 정도 익었을 때,
  불을 끄고 뚜껑을 덮어서 잔열로 계란을 익힌다.
6. 대접에 밥을 담고 5를 흐트러지지 않게 밥 위에 흘리듯이 얹고 미나리 등을 올려 내간다.
  취향에 따라 시치미 등을 뿌려 먹는다.

TIP 입에서 살살 녹는 다마고토지(たまごとじ) 만들기

'다마고토지'는 오야코동에 계란을 둘러 익히는 일본의 조리방법을 말하는데, 장어구이, 규동, 조림 요리 등 어떤 요리라도 이 방법에 의해 맛이 부드러워지고 볼륨감도 풍성해지며 영양까지 챙길 수 있다. 다마고토지는 전날 먹다 남은 조림 등에 계란을 둘러 익혀서 덮밥으로 먹는 방식이 가장 보편적이다. 다마고토지를 더욱 부드럽고 맛있게 만들 수 있는 방법은 다음과 같다.

1 계란은 나눠 넣는다. 다마고토지는 계란을 넣고 절대 섞지 않는 것이 각각의 재료의 맛을 그대로 보존하면서 조리하기 위한 방법이다. 재료의 양이 많으면 계란이 전체적으로 익지 않을 수도 있다. 그러므로 계란의 절반을 요리의 가운데 부분에 먼저 붓고 계란이 살짝 익으면 그때 남은 절반을 가장자리에 둘러서 계란이 골고루 익을 수 있도록 한다.

2 잔열로 계란을 익혀준다. 계란을 넣고 100% 전부 익히면 계란이 자칫 퍽퍽하고 수분과 따로 분리되어버리는 경우가 있다. 이럴 때는 계란이 70% 정도 익었을 때 불을 끄고 뚜껑을 덮어 잔열로 익히면 계란이 부드럽게 익는다. 날계란을 못 먹는 사람이나 1살 미만의 아이들에게 먹일 경우에는 계란이 90% 정도 익었을 때 불을 끄고 익히도록 하는 것이 좋다.

규동 牛丼 소고기덮밥

(2인분) 소고기(얇게 썬 불고깃감이나 샤부샤부용) 400g **양파** 1개
가쓰오부시 다시 2컵 **간장** 5큰술 **미림** 5큰술 **청주** 3큰술 **설탕** 1큰술 **따뜻한 밥** 2공기 **베니쇼가**(생강채)와 **시치미** 약간

1. 우묵한 프라이팬에 가쓰오부시 다시를 붓고 끓기 시작하면 소고기와 세로로 얇게 썬 양파를 넣고 중불에서 5분 정도 끓인다.
2. 재료가 끓었으면 청주, 미림, 설탕을 넣고 다시 5분간 끓이다 간장을 넣고 5분간 더 끓인다.
3. 대접에 밥을 한 공기씩 담고 조린 고기를 듬뿍 올리고 국물을 한 국자 정도 올린 후, 베니쇼가와 시치미를 취향대로 올려준다.

> **TIP** 규동에 어울리는 토핑
>
> **날계란** 신선한 날계란에 간장을 약간 넣고 잘 풀어서 규동 위에 올려 먹는다. 맛이 훨씬 부드럽고 목 넘김이 좋다.
> **쪽파** 송송 썬 쪽파를 고기가 보이지 않을 정도로 듬뿍 올려서 함께 먹는다. 개운하고 깔끔한 맛이 규동과 잘 어울린다.
> **간 무 + 폰즈** 간 무를 채반에 올려 수분을 빼주고 폰즈(간장 1 : 식초 1)를 취향대로 뿌려서 규동 위에 올려 먹는다.
> **피자 치즈** 규동이 뜨거울 때, 잘게 찢은 피자 치즈를 올려 먹는다.

일품요리 022

돈가스

豚カツ

(2인분) **돈가스용 돼지고기**(안심 또는 등심) 2장(400g) **밀가루** 3큰술 **계란** 1개 **물** 1/4컵
빵가루 5큰술 **소금** 1/2작은술 **후추** 약간 **양배추** 1/4통 **차조기 또는 깻잎** 2장 **돈가스 소스**●, **겨자** 적당량

1 돈가스용 돼지고기는 칼로 힘줄과 지방 부분에 칼집을 넣어 고기가 익으면서 오그라들지 않도록 해준다.
2 칼집을 넣은 고기는 앞뒤에 소금과 후추로 밑간을 해둔다.
3 볼에 계란과 물을 넣고 잘 섞은 후 밀가루를 넣고 덩어리가 생기지 않게 잘 풀어준다.
4 3의 튀김옷에 손질한 돼지고기를 골고루 입힌 후, 빵가루를 손으로 꾹꾹 눌러 골고루 듬뿍 묻혀준다.
5 빵가루를 입힌 돼지고기를 175도의 기름에서 노릇하게 튀겨주는데 한쪽 면이 완전히 튀겨진 다음
   딱 한 번만 뒤집는다.
6 양배추와 차조기는 잘게 채를 썰어 얼음물에 살짝 담갔다 건져둔다.
7 접시에 채 썬 야채를 풍성하게 담고 튀긴 돈가스를 먹기 좋은 크기로 잘라 올린 후,
   겨자와 소스를 곁들여 내간다.

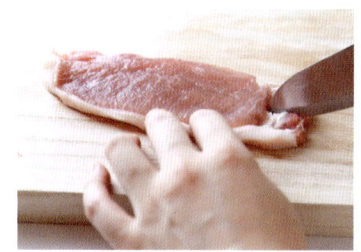  

> **TIP** 재료와 요리에 따른 튀김옷의 구별
>
> **돈가스나 치킨 커틀릿처럼 두께가 있는 재료**는 물과 달걀을 섞어 밀가루를 푼 튀김옷을 입히고 빵가루를 입히면, 튀김옷 자체가 두꺼워지고 재료 내의 수분의 영향으로 겉은 태우지 않으면서 속까지 확실히 익힐 수 있다. 또한 고기의 육즙도 그대로 보존하여 더욱 맛있는 튀김을 만들 수 있다.
> **야채나 해물, 얇은 고기 등 작고 얇은 재료**는 비교적 익히는 시간이 짧고 가벼운 식감을 만들어내야 하므로 '밀가루→달걀→빵가루' 순서대로 입힌 뒤 빠른 시간 내에 튀겨내는 것이 좋다.

● 돈가스 소스의 응용

미소 소스
핫초미소(아카미소) 1큰술 **미림** 1큰술 반 **멘쓰유** 1큰술 반 **설탕** 1큰술 **참깨** 1작은술

나고야 지방의 대표적인 조미료인 핫초(八丁)미소에 단맛을 가미한 소스로, 미소 소스를 올린 돈가스를 미소가쓰라고 한다. 핫초미소는 색이 붉고 짠맛이 강한 것이 특징으로 우리나라의 된장과 가장 닮은 미소이기도 하다. 나고야 지방에서는 미소 소스를 오뎅과 함께 먹기도 한다.

간 무와 폰즈 소스
무 1/2개 **쪽파** 2~3뿌리 **폰즈**(간장 1 : 식초 1) 적당량

시원하게 간 무와 송송 썬 파를 듬뿍 올려 취향대로 폰즈나 간장을 뿌려 먹는다. 개운하고 시원한 토핑이다. 무는 갈아서 채반에 받쳐 물기를 빼준 후(절대 손으로 짜지 않는다), 송송 썬 쪽파와 함께 돈가스 위에 듬뿍 올린다. 단, 돈가스의 튀김옷이 눅눅해지므로 먹기 직전에 올리도록 한다.

"네가 만든 조림의 맛을 잊을 리가 있겠나."

남편과 함께 TV로 봤던 영화 <무사의 일 분>에서 주인공인 신노조(기무라 타쿠야)의 대사다.

하급 무사 신노조는 성주의 음식을 확인하던 중 조개의 독에 눈이 멀고 만다.

이 틈에 그의 상사는 신노조의 아내를 꼬여내고, 화가 난 신노조는 아내를 쫓아낸 후 상사와 결투를 벌인다.

영화의 막바지에 이르면 아내가 돌아와 몰래 그의 밥상에 조림을 만들어 올리는데, 그걸 맛본 신노조는

단번에 아내가 만든 조림이라는 걸 알아챈다. 기무라 타쿠야의 그 대사가 끝나자마자 남편이 한 마디 했다.

"에이, 자기 아내 손맛을 못 찾는 남편이 어디 있어?"

나는 속으로는 '과연 그럴 수가 있을까?' 싶었지만 남편의 자신만만한 대답에

기분이 좋아서 나도 모르게 웃음이 났다.

(4인분) **박력분** 2컵 **계란** 2개 **물** 1컵 반 **얼음** 5큰술 **취향의 야채나 해산물**(새우, 오징어, 표고버섯, 가지, 고구마 등) **무** 1/3개
덴푸라 쓰유 : 다시마 · 가쓰오부시 다시 2컵 **간장** 4큰술 **미림** 3큰술

1 우선 튀김 재료의 기본 손질을 한다. 새우는 꼬리를 제외한 껍질은 모두 벗기고 등을 따서 내장을 제거한다.
   야채들은 각각 먹기 좋은 크기로 썰어 준비하고, 가지는 식감을 좋게 하기 위해 잘게 칼집을 내둔다.
2 얼음을 넣은 볼 위에 다른 볼을 겹쳐 올려둔 다음 계란과 물을 넣고 잘 섞는다.
   밀가루를 2번에 나눠 넣고 덩어리가 없게 잘 풀어준다.
3 튀김의 재료들은 튀김옷이 잘 입혀질 수 있게 밀가루를 가볍게 입혀둔다.
4 기름은 온도는 165도까지 올려준 후, 가장 먼저 냄새가 나지 않고 익히는 데 시간이 걸리는
   고구마나 감자, 연근을 튀겨준다.
5 뿌리채소를 다 튀겨냈으면 온도를 175도 정도로 살짝 올려 가지나 버섯, 아스파라거스나 꽈리고추 등의
   과실채소를 튀겨낸다.
6 가장 마지막으로 해산물을 튀겨내도록 한다.
   (해산물을 먼저 튀기면 기름에 냄새가 배기 때문에 가장 나중에 튀기는 것이 좋다.)
7 다시마 · 가쓰오부시 다시에 간장과 미림을 섞어 덴푸라 쓰유를 만든다. 미리 우려놓은 다시라면
   살짝 데운 후에 (60도 정도) 조미료와 섞도록 한다.
8 무는 강판에 갈아 체에 밭쳐 물기를 뺀 후 덴푸라 쓰유에 1~2큰술 넣어 잘 섞고 튀김을 찍어 먹는다.

TIP 튀김은 온도와 순서를 지켜야 맛있다.

일본에서 튀김은 매우 고급요리이다. 그만큼 재료의 맛과 향을 살리고 잡맛이 나지 않게 튀겨내는 것이 관건인데, 튀김의 순서와 온도에 대해서 알아두는 것이 맛을 내는 비결이다. 같은 튀김옷을 입히더라도 재료가 익는 시간이 다르면 온도를 달리하여 조절해야 한다. 고구마나 감자같이 딱딱하고 익히기 어려운 재료는 낮은 온도에서 천천히 튀겨야 하고, 단시간에 빨리 익혀 모양을 살려야 하는 열매채소나 해산물은 온도를 높여 재빠르게 튀겨내야 한다. 기름은 온도의 변화가 천천히 이루어지기 때문에 온도를 올렸다 내렸다 하기 어려우므로 낮은 온도에서부터 튀김을 시작해서 서서히 온도를 올려가는 것이 바람직하다. 냄새가 배는 해산물, 기름이 지저분해지는 커틀릿이나 가라아게는 가장 나중에 튀기는 것이 좋다.

온도에 따른 튀김 순서 165도 _____ 170도 _____ 175도
                        고구마, 감자 등   열매채소, 해산물

재료에 따른 튀김 순서 기름이 그다지 지저분해지지 않는 스아게●나 덴푸라 → 사용한 기름을 거른 후 빵가루를 사용하는 커틀릿이나 프라이 → 처리 직전 마지막 기름으로 밀가루나 전분을 입혀서 튀기는 가라아게나 다쓰타아게●를 튀긴다.

● **스아게**(素揚げ) 가루나 반죽을 입히지 않고 튀긴 것
● **다쓰타아게**(竜田揚げ) 고기나 생선 등을 간장, 미림으로 만든 양념장에 담가 밑간을 한 후 전분을 입혀 튀긴 것

일품요리 023

덴푸라

天ぷら · 일본식 튀김

일품요리 024

카레라이스 カレーライス

(6인분) **좋아하는 고기(소 또는 돼지)** 200g **감자** 4개 **당근** 1개 **양파** 1개 **사과** 1/4개 **물** 5컵 **카레 루**(roux) 1팩

1. 고기는 취향대로 약간 지방이 있는 엉덩잇살이나 허벅살을 구입하여 큼직하게 썰어둔다.
2. 감자와 양파, 당근은 껍질을 벗기고 비슷한 크기로 큼직하게 썰어둔다.
3. 냄비에 식용유를 1큰술 두르고 준비된 재료들을 가볍게 볶은 후,
   물 5컵과 간 사과를 넣고 뚜껑을 덮어 중불에서 15분 정도 끓인다.
4. 재료들이 모두 익었으면 불을 끄고 카레 루를 잘라 넣은 다음 뚜껑을 덮고 5분간 둔다.
5. 5분이 지나 카레 루가 모두 풀어졌으면 다시 불을 켜고 카레가 걸쭉해지도록 저어가며
   2~3분 더 끓여준다.
6. 접시에 밥을 적당히 담고 카레를 올린 후 후쿠진즈케●를 곁들여 내간다.

● 카레와 함께 먹으면 좋은 후쿠진즈케 만드는 법 p89 참조

➕ 카레 돈가스

고기를 제외한 카레 재료들은 최대한 작게 잘라서 카레를 만든 후에 돈가스와 함께 내간다.
밥 위에 돈가스를 얹고 카레를 올려 먹기도 한다.

➕ 카레 햄버그(스테이크)

밥 위에 햄버그스테이크를 올리고 역시 재료를 작게 잘라 넣고 만든 카레를 뿌려준다.
계란을 하나 부쳐 올리는 것도 좋다.

✚ 카레 우동

카레를 많이 만들었을 경우에는 남은 카레에 물을 부어 묽게 만들고
간장이나 소금으로 간을 한 후에 우동 면과 어슷하게 썬 대파를 넣고 끓여내면 된다.

그 외에도 새우튀김이나 튀겨낸 소시지 등 여러 가지 토핑을 올려 즐길 수 있다.

● 카레와 함께 먹으면 좋은 후쿠진즈케(福神漬け)

후쿠진즈케는 발효를 시키지 않은 일본의 즉석 장아찌로, 반찬용으로 알려져 있던 음식이다. 메이지 시대에 일본우선(日本郵船)주식회사의 여객선에서 제공되던 카레라이스에 곁들여 나오던 것이 일본 전역에 퍼져, 이제는 카레하면 후쿠진즈케가 따라오는 것이 상식이 되었다.

무 1/2개 **오이** 1개 **연근** 1개 **당근** 1/3개 **소금** 2작은술
생강 1톨 **다시마** 1장(10cm×5cm) **간장** 5큰술 **물** 5큰술
청주 5큰술 **설탕** 4큰술 **식초** 2큰술

1 무, 오이, 연근, 당근은 얇게 썰어 4등분으로 잘라 소금을 뿌려 용기에 담아 하룻밤 냉장고에서 절여둔다.
2 다음 날, 절여진 야채는 손으로 물기를 꼭 짜준 후에 주방 가위로 잘게 자른 다시마와 채 썬 생강과 함께 냄비에 담아 간장, 물, 설탕을 넣고 끓인다.
3 2가 끓기 시작하면 청주와 식초를 넣고, 다시 한 번 끓어오르기 시작하면 채반에 야채를 건져내고 남은 국물만 냄비에 넣어 양이 절반이 될 때까지 조린다. 국물의 양이 절반이 되면 다시 야채를 넣고 그대로 식혀준다.
4 식힌 후쿠진즈케는 밀폐용기에 담으면 일주일 정도 냉장보관이 가능하다.

일품요리 025

데마키스시

手巻き寿司 손 말이 초밥

(12개분) **밥** 4공기 **구운 김** 3장 **무순** 1/2팩 **날치알** 1/2컵 **오이** 1/2개
그 외 취향에 따라 계란말이, 참치, 연어, 치즈, 게맛살 등의 재료를 준비한다.
단촛물 : 식초 1/3컵(약 70cc) **설탕** 1큰술 반 **소금** 1작은술

1. 식초, 설탕, 소금을 섞어 미리 단촛물을 만들어둔다. 소금과 설탕이 완전히 녹으면 단촛물을 뜨거운 밥 위에 한 번에 붓고 부채질을 해가면서 주걱으로 수분을 날려주며 초밥을 만든다.
2. 김으로 말 재료들은 모두 길고 가늘게 썰어두고 김은 4등분으로 잘라둔다.
3. 준비한 재료를 테이블 중앙에 늘어놓고 각자 좋아하는 재료를 초밥과 함께 즉석에서 말아 먹는다.

TIP 밥을 뭉치지 않게 만드는 방법

초밥의 가장 중요한 포인트이기도 한 밥은 수분을 없애는 것이 가장 중요하다. 그러기 위해서는 밥은 뜨거운 상태로 준비하여 단촛물을 붓고, 재빠르게 한 손으로 부채질을 하면서, 한 손으로는 주걱을 이용하여 계속 뒤집으며 수분을 날려주어야 질척하거나 뭉치지 않는 초밥을 만들 수 있다.

● **스시와 함께 먹으면 좋은 가리**(がり, 생강 초절임) **만들기**

생강 500g **끓여서 식힌 물 또는 생수** 1/2컵
단촛물 : 식초 1컵 **설탕** 1컵 **소금** 1작은술

1. 냄비에 식초를 넣고 끓기 시작하면 설탕과 소금을 넣는다. 설탕과 소금이 완전히 녹으면 불을 끄고 식혀둔다.
2. 생강은 얇게 저며 찬물에 3~4분간 담가둔다.
3. 큼직한 냄비에 물을 넉넉히 끓이다가 저며둔 생강을 넣고 2~3분 데친 후, 소쿠리에 건져 물기를 완전히 빼준다.
4. 밀폐용기나 깨끗한 병에 생강을 담고 1의 단촛물과 식힌 물을 섞어서 붓고 뚜껑을 덮어 가볍게 흔들어 잘 섞일 수 있게 해준다. 냉장고에 넣어두었다가 이틀 후부터 먹을 수 있다. 깔끔하게 덜어서 먹는다면 6개월 이상 보존 가능하다.

자루우동 · 자루소바

笊うどん · 笊そば 냉우동과 냉메밀국수

일품요리 026

(2인분) **삶은 우동 면이나 소바 면**
고명(간 생강, 송송 썬 파, 와사비, 잘게 썬 김, 간 무, 계란 노른자 등 취향대로)
멘쓰유 : **간장** 5큰술 **미림** 3큰술 **설탕** 1큰술 **물** 1컵 반 **다시마** 1장(10cm×10cm) **가쓰오부시** 5g

1. 멘쓰유 재료는 전부 냄비에 넣고 끓이다가 끓어오르기 시작하면 불을 끄고 적당히 식혀둔다.
2. 멘쓰유가 적당히 식었으면 큼직한 볼에 면포나 고운체를 이용하여 깔끔하게 걸러낸 후, 냉장고에 넣어 차게 식힌다.
3. 우동이나 소바는 적당히 삶아 찬물에 헹궈 자루(소쿠리)에 담고 차게 식은 멘쓰유는 작은 컵에 담아 고명들과 함께 내가도록 한다.

TIP 1 소바, 우동 쫄깃하게 삶아내기

1. 소바나 우동은 종류에 따라 삶는 시간과 방법이 다르다. 포장에 표기된 삶는 방법에 따라 시간을 조절하도록 한다.
2. 소바와 우동은 큰 냄비에 물을 넉넉히 넣고 삶아야 맛있게 삶아진다.
3. 삶는 동안 물이 끓어오르면 면이 익을 동안 찬물을 한 컵씩 붓는다. 찬물로 온도를 떨어뜨려 면의 표면을 굳혀주고 속까지 완전하게 익히기 위해서다.
4. 삶은 후에는 반드시 찬물에 여러 번 헹궈내 면 표면에 미끈거리는 여분의 밀가루를 세서해야 나중에 다시와 섞일 때 맛이 탁해지는 것을 막을 수 있다.

TIP 2 우동과 소바에 잘 어울리는 참깨 소스 만드는 법

참깨 페이스트(시판용) 4큰술 **설탕** 2작은술 **가쓰오부시 다시** 3큰술 **설탕** 3큰술
국간장 4큰술 **미림** 2큰술
각 재료를 골고루 섞어 삶은 우동이나 소바를 찍어 먹는다.

일품요리 027

기쓰네우동

きつねうどん 유부 우동

(2인분) 우동 2인분 **유부** 4장 **대파** 1/2뿌리 **가마보코**(삶은 어묵) 1/3토막 **시치미**, **덴카스**(튀김 부스러기) 약간
멘쓰유 : 가쓰오부시 20g **다시마** 1장(10cm×10cm) **간장** 1/3컵(약 65cc) **설탕** 1큰술 **물** 4컵
유부 조림장 : 가쓰오부시 다시 5큰술 **간장** 5큰술 **미림** 5큰술 **설탕** 1큰술

1. 유부는 반으로 잘라 뜨거운 물에 10초 정도 데쳐 여분의 기름을 빼준다.
2. 데친 유부는 손으로 꼭 짠 후, 냄비에 조림장 재료와 함께 넣고 오토시부타를 덮고 조림장이 모두 졸아들 때까지 약불에서 뭉근하게 조려준다.
3. 멘쓰유 재료는 모두 함께 넣고 끓이다가 끓어오르기 시작하면 불을 끄고 가쓰오부시를 깔끔하게 건져낸다.
4. 가쓰오부시를 건져낸 멘쓰유에 삶아놓은 우동이나 소바를 넣고 면이 데워질 정도로 30초~1분 정도 끓이다가 그릇에 담는다.
5. 조려둔 유부 2장을 올리고 송송 썬 파와 가마보코, 취향에 따라 시치미나 덴카스 등을 올려 내간다.

다누키소바와 기쓰네우동

다누키와 기쓰네는 우동과 소바 위에 올라가는 토핑에 따라 불리는 이름이다. 일어로 다누키(狸)는 '너구리'고 기쓰네(狐)는 '여우'를 뜻한다. 그런데 왜 소바와 우동의 이름이 너구리와 여우일까? 다누키소바는 튀김을 튀기면서 생긴 튀김 반죽을 건져낸 덴카쓰, 즉 아게타마를 올린 우동이나 소바를 다누키라고 부르는데, 어원을 살펴보자면 속 재료(다네)를 뺀(누키) 튀김 부스러기, 다네누키가 부르기 편하게 '다누키'가 되어버린 것으로 정작 너구리와 아무 관련이 없는 너구리 면인 셈이다. 그러나 기쓰네(여우)는 조금 다르다. 일본의 지역신인 여우신이 가장 좋아하는 음식인 달게 조린 유부가 올라간 면을 기쓰네우동, 또는 기쓰네소바라고 부른다.

"혹시 오야코동 만들 줄 알아?"

어느 날 한국에 있는 친한 언니가 메신저로 물어왔다.

오야코동은 누구나 다 만들 수 있는 요리지만

반드시 지켜야 하는 한 가지 비법이 있다.

그런데 이걸 글로 설명을 한다는 것이 꽤 어려웠다.

결국 며칠 후에 직접 오야코동을 만드는 과정을 사진으로 몇 컷 찍어 보내고 레시피를 알려주었다.

문득 나는 오야코동 말고도 다른 일본요리들을 알고 있는데,

일본 주부들에게도 맛으로 밀리지 않을 자신이 있는데 싶었다.

그리고 마지막으로 생각이 멈춘 곳은 재미있는 세상으로 가는 문 앞이었다.

일품요리 028

야키소바

焼きそば 일본식 면 볶음

(2인분) 중화면 2봉지 양배추 3장 숙주나물 1/2봉지(100g) 얇게 썬 돼지고기 100g 당근 1/3개 양파 1/2개
마른꽃새우 2큰술 부추 5뿌리 야키소바 소스 4큰술 물 1/3컵(약 75cc)

1 돼지고기는 한입 크기로 썰고 당근은 얇고 납작하게 나박썰기(납작한 직사각형으로 썰기) 한다.
   양파는 세로로 얇게 썰고 양배추는 툭툭 큼직하게 썰어둔다. 부추는 약 5cm 길이로 썰어둔다.
2 프라이팬에 식용유를 두르고 돼지고기를 볶다가 전체적으로 고기가 익으면,
   당근과 양파를 넣고 볶아준다. 양파가 투명해지면 양배추와 숙주나물을 넣고 볶는다.
3 양배추와 숙주나물이 숨 죽으면 중화면을 넣고 물을 붓고 함께 볶아준다.
   (우동을 볶을 경우에는 야키소바 소스와 함께 간장 3큰술을 넣고 볶는다.)
4 면이 골고루 풀어졌으면 야키소바 소스를 넣고 볶다가 부추와 마른꽃새우를 넣고 1~2분 더 볶다가
   불을 끈다. 붉게 물들인 베니쇼가나 파래김가루, 가쓰오부시 등을 얹어내가도 좋다.

➕ 야키소바빵

핫도그 빵 사이에 야키소바를 듬뿍 끼우고 베니쇼가를 올려 랩이나 비닐로 싸준다.
도시락으로도 활용할 수 있다.

➕ 야키소바밥

남은 야키소바를 숟가락이나 뒤집개 등을 이용해서 잘게 자른 후에 프라이팬에 밥과 함께 넣고 취향대로 야키소바 소스나 소금, 후추로 간을 맞추어 볶아 먹는다.

일품요리 029

오코노미야키

お好み焼き 일본식 부침개

(3~4장분) **밀가루**(박력분) 250g **가쓰오부시 다시 또는 물** 1컵 반 **간 마** 1큰술 **양배추** 반 통 **대파** 1/2뿌리 **돼지 삼겹살** 100g **냉동 시푸드 믹스** 100g **오코노미야키 소스** 150g **마요네즈** 3큰술 **가쓰오부시, 파래김가루, 베니쇼가** 적당량

1. 볼에 다시나 물을 넣고 간 마와 함께 잘 섞은 후, 밀가루를 넣고 덩어리가 없어질 때까지 잘 섞어 반죽을 만든다.
2. 양배추는 잘게 다지고 대파는 송송 썰어둔다. 삼겹살은 그대로 사용하거나 한입 크기로 자른다.
3. 1의 반죽에 다진 양배추와 대파, 삼겹살과 냉동 시푸드 믹스를 넣고 잘 섞는다.
   프라이팬에 식용유를 넉넉히 두르고 반죽을 한 국자 떠서 두툼하게 부쳐낸다.
4. 부쳐낸 오코노미야키에 소스를 충분히 바른 후 마요네즈를 뿌리고 취향대로
   가쓰오부시, 파래김가루, 베니쇼가를 올려 먹기 좋은 크기로 잘라 먹는다.

일품요리 030

치킨 데리야키
チキン照り焼き 치킨 양념구이

(2인분) 닭허벅살 2장(400g) **후추** 2작은술 꽈리고추 6개
데리야키 소스 : 간장 4큰술 미림 4큰술 설탕 1큰술

1. 닭고기는 지방질이 적당히 있고 육즙이 많은 닭허벅살을 준비한다.
   중간중간 힘줄이 있는 곳이나 고기가 두꺼운 곳은 칼집을 넣어주고 안쪽에 골고루 후추를 뿌려둔다.
2. 손질이 끝난 닭고기는 달군 프라이팬에 식용유를 두르고 안쪽부터 구워준다.
   뒤집어 굽다가 양면 모두 골고루 갈색이 돌 정도로 구워졌으면 물을 한 국자 정도 붓고 뚜껑을 덮어
   속까지 완전히 익힐 수 있도록 쪄주면서 구워낸다.
3. 물이 완전히 졸아들었으면 그대로 표면을 바삭하게 구운 후, 간장과 미림, 설탕을 섞어 만든
   데리야키 소스를 넣고 중불에서 조린다. 소스가 1/3로 줄면 꼭지를 뗀 꽈리고추를 함께 넣고
   1~2분 더 조려준다.
4. 조린 닭고기는 식기 전에 먹기 좋은 크기로 썰어 꽈리고추와 함께 보기 좋게 담아 내간다.

● 데리야키(照り焼き)

데리는 일어로 '광택, 윤택'이란 뜻을 가지고 있다. 데리야키는 간장을 베이스로 달콤하게 반든 소스를 사용하여 윤이 나게 구워낸 구이를 뜻하는데 고기에서부터 생선까지 어떤 재료에도 잘 어울리는, 누구든 부담 없이 즐길 수 있는 맛이다. 기본 데리야키의 소스는 간장+미림+설탕의 조합으로 이루어지는데 이중에서 광택을 내주는 재료는 바로 미림이다. 미림은 쌀을 발효시켜 만든 조림 술로 은은하게 단맛을 내기도 하고 요리의 광택을 내주어 더욱 맛깔스럽게 만드는 역할을 한다.

TIP 데리(照り)를 더욱 좋게 내는 방법
1. **재료는 완전하게 익히기** 데리야키의 재료가 무엇이든 우선은 반드시 재료를 익힌 다음에 데리야키 소스를 부어 조려주는 것이 좋다. 재료가 완전히 익지 않은 상태에서 소스를 넣고 조리면 재료가 타는 것은 물론, 재료에서 배어 나오는 육즙과 수분 때문에 깔끔하고 좋은 광택의 데리야키로 만들 수가 없다.
2. **소스는 끼얹으며 덧입히기** 재료를 익힌 후, 데리야키 소스를 넣고 조리면서 계속 숟가락으로 끼얹으면서 혹은 프라이팬을 손으로 돌려가면서 소스를 덧입히는 것이 좋다. 이 작업이 반복되면서 광택이 더욱 좋아진다.

일품요리 031

사바노 가바야키

サバの蒲焼き 고등어 양념구이

● **가바야키(蒲焼き)** 생선의 등을 갈라 뼈를 발라내고 토막을 친 후 양념을 발라 구운 요리다. 일반적으로 장어를 재료로 쓰지만 가정식으로는 손쉽게 구할 수 있는 고등어나 꽁치 등을 많이 사용한다.

(2인분) 손질된 고등어 필레 2쪽 박력분 1큰술 산초 가루 약간
가바야키 다레 : 간장 1컵 미림 2/3컵(약 130cc)
청주 1/3컵(약 70cc) 설탕 1컵

1. 가바야키 다레를 먼저 만들어둔다.
   냄비에 미림과 청주를 붓고 1~2분 정도 끓여 알코올을 날린 후, 설탕을 넣고 중불에서 저어가면서 설탕을 녹인다. 설탕이 완전히 녹았으면 간장을 넣고 약불에서 뭉근하게 10분 정도 조려준다.
   (재빨리 차게 식혀 밀폐용기에 담아 보관한다.)
2. 손질된 고등어 필레의 양면에 박력분을 살짝 뿌리고, 기름을 두른 프라이팬이나 그릴에서 안쪽 면부터 구워준다.
   안쪽이 노릇하게 구워지면 뒤집어 동일한 방법으로 구워준다.
3. 구워진 고등어는 프라이팬에 가바야키 다레를 붓고 중불에서 안쪽 면 30초, 바깥 면 30초, 다시 안쪽 면 30초 조린 후, 산초가루를 살짝 뿌려 내간다. 그릴에서 굽는 경우는 다레를 앞뒤로 끼얹어가면서 구워주면 된다.

✚ 장어 덮밥

장어 가바야키 1/2마리 **밥** 1공기 **산초가루** 약간

대접이나 용기에 밥을 한 공기 분량을 담고 장어 가바야키를 밥 위에 넉넉히 올린 후, 산초가루를 살짝 뿌려서 내간다. 취향에 따라 베니쇼가를 곁들여도 좋다.

장어 계란말이

장어 가바야키 1/2마리 **계란** 2개 **가쓰오부시 다시** 5큰술 **설탕** 6큰술 반

계란과 가쓰오부시 다시, 설탕을 골고루 섞어 계란물을 만들고 장어 가바야키는 길고 가늘게 잘라 준비한다.
프라이팬에 계란물의 1/3을 붓고 2/3지점에 장어를 올려 바깥에서부터 안쪽으로 말아준다.
계란물은 3번에 나눠서 부치도록 한다.

부타노 쇼가야키

일품요리 032

豚の生姜焼き 돼지고기 생강구이

(1인분) 돼지고기 어깻살 5~6장 **후추** 약간
생강 다레 : 생강(小) 1톨 **간장** 3큰술 **미림** 2큰술 **설탕** 1/2큰술

1. 생강은 강판에 갈아 간장과 미림, 설탕과 잘 섞어 다레를 만든다.
2. 돼지고기는 앞뒤로 후추를 약간 뿌려서 기름을 두른 프라이팬에서 노릇하게 구워준다. 이때 고기를 너무 바짝 굽지 않도록 한다.
3. 고기가 잘 익었으면 1의 생강 다레를 한 번에 붓고 약불에서 천천히 조린다.
4. 다레가 거의 졸아들었으면 접시에 담아 내간다. 채를 썬 양배추를 곁들이면 좋다.

일품요리 033
なす田楽 가지 된장구이
나스덴가쿠

가지 1개 **참깨나 쪽파** 약간
미소 다레 : 미소 3큰술 **설탕** 2큰술 **미림** 2큰술 **청주** 1큰술

1. 가지는 깨끗하게 씻어 약 1.5cm 두께로 잘라 양면에 식용유를 얇게 발라준다.
   약불로 천천히 달군 프라이팬에 밝은 갈색이 돌 때까지 양면을 천천히 굽는다.
2. 냄비에 미림과 청주를 넣고 30초 정도 끓여 알코올을 날린 후 불을 약하게 줄이고,
   설탕과 미소를 넣고 주걱으로 저어가면서 끓어오를 때까지 잘 풀어 미소 다레를 만든다.
3. 구운 가지는 먹기 편하게 꼬치 등에 꿰어 한쪽 면에 미소 다레를 충분히 바른 후,
   송송 썬 쪽파나 참깨를 살짝 뿌려 내간다.

✚ 두부 된장구이

두부 1/2모 **밀가루** 약간 **참깨나 쪽파** 약간
미소 다레 : 미소 3큰술 **설탕** 2큰술 **미림** 2큰술 **청주** 1큰술

두부는 두툼하게 썰어 밀가루를 살짝 입힌 후, 앞뒤로 바짝 구워준다.
가지와 같이 꼬치에 꿰어 미소 다레를 적당히 올리고 참깨나 송송 썬 쪽파를 뿌려준다.

구츠구츠(ぐつぐつ)는 일어로 '부글부글'이라는 뜻의 의성어다.

신혼 초 퇴근 시간에 맞춰서 밥을 하고 있으면 집에 온 신랑이 씻고 나오면서 항상 물었다.

"뭘 그렇게 구츠구츠 끓여?"

"오늘 저녁은 뭐야?" "뭐 만들어?"처럼 다른 식으로 질문할 수 있는데

신랑은 항상 '구츠구츠'를 넣어 물어본다.

처음 블로그를 만들면서 닉네임에 대해 많이 고민했다.

웬만한 닉네임은 전부 사용 중이었고 그렇다고 아무거나 가져다 붙일 수는 없었다.

그러다가 떠오른 것이 신랑이 매일 그렇게 물어보던 바로 그 '구츠구츠'였다.

그래, 이거야!

구츠구츠, 그것이 나의 또 다른 이름이 되었다.

부타노 가쿠니

豚の角煮 일본식 삼겹살찜

일품요리 034

삼겹살 덩어리 600g **대파** 2뿌리 **생강** 1톨 **물** 4컵 **청주** 1컵 **간장** 5큰술 **미림** 5큰술 **설탕** 1큰술 반 **겨자** 약간

1. 프라이팬에 식용유를 넉넉히 두르고 삼겹살 덩어리의 표면을 굴려가면서 바짝 굽는다.
2. 물을 넉넉히 담은 냄비에 구운 삼겹살 덩어리를 넣고 40분 정도 중불에서 삶는다.
3. 삶은 삼겹살 덩어리는 냄비에서 꺼내 찬물에 한 번 살짝 헹구어 여분의 기름과 지저분한 찌꺼기를 씻어내고 약 3cm 두께로 잘라둔다.
4. 깨끗한 냄비에 물 4컵과 준비해둔 청주, 간장, 미림, 설탕, 대파의 푸른 잎 부분과 생강은 얇게 저며 넣고 자른 삼겹살과 함께 1시간 정도 중불에서 조린다.
5. 대파의 흰 줄기 부분은 가운데 심을 제거하고 가늘게 채를 썰어 찬물에 헹구었다 물기를 빼둔다.
6. 조려진 삼겹살을 그릇에 담고 채 썬 파를 듬뿍 올려 겨자와 함께 내간다.

✚ 삼겹살 덮밥

삼겹살찜 200g **파 채** 1/2뿌리 **고춧가루** 1/2큰술 **참기름** 1큰술 **통깨** 1큰술 **따뜻한 밥** 1공기

채 썬 파에 고춧가루, 참기름, 통깨를 넣고 버무려둔다.
대접에 뜨거운 밥 한 공기를 담고 버무린 파 채를 듬뿍 올린 후, 따뜻한 삼겹살찜을 보기 좋게 올려 내간다.

큰딸, 유나의 수유기간은 참으로 길었다.

밥을 먹을 나이가 지났는데도 유나는 통 먹을 생각을 하지 않았다.

그러다 둘째가 생기고 어쩔 수 없이 수유를 끊고 나니

유나는 정말 거짓말처럼 뭐든지 잘 먹기 시작했다.

그동안 입에도 안 대던 두부나 계란, 고기, 우유 등 뭐든 잘 먹었다.

잘 먹는 유나를 보면 만들어주고 싶은 게 많아졌다.

그래서 매일 오전에 유나와 나만을 위한 브런치를 만들어 먹는데

그 시간이 정말 황금같이 느껴졌다.

오늘도 유나는 서툰 발음으로 입안 가득 우물거리며 얘기한다.

"마마~ 맛있다. 그치?"

스키야키

鋤焼き 일본식 냄비요리

일품요리 035

(2~3인분) 샤부샤부용 돼지고기, 소고기 각각 200g **판두부** 1모 **실곤약** 1봉지 **배추** 1/4포기 **표고버섯** 5~6개
팽이버섯 1팩 **양파** 1/2개 **대파** 1/2뿌리 **당근** 1/2개 **가쓰오부시 다시** 2컵 **계란** 3개
스키야키 다레 : 간장 1컵 **미림** 1/2컵 **설탕** 2큰술

1. 준비해둔 간장, 미림, 설탕을 섞어서 스키야키 다레를 만들어둔다.
2. 두부, 배추, 버섯, 양파, 대파, 당근 등 각 재료는 먹기 좋은 크기로 잘라둔다.
3. 전골냄비에 식용유를 살짝 두르고 고기의 1/3 분량을 넣고 불을 켜서 익힌다.
   (냄비를 달군 후에 고기를 넣으면 고기가 냄비에 들러붙으므로 고기를 넣고 천천히 달구어가며 익혀준다.)
4. 고기가 익은 색이 돌면 자른 대파와 양파를 넣고 볶다가 **1**의 스키야키 다레를 반 국자 정도 넣고 볶아준다.
   다레가 졸아들면 가쓰오부시 다시나 물을 한 국자 정도 붓고 나머지 재료들을 조금씩 넣어가면서 익힌다.
5. 개인 그릇에 신선한 날계란을 깨 넣고 잘 풀어서 익은 고기와 야채들을 건져 계란을 찍어 먹는다.

일품요리 036

오뎅 おでん 일본식·어묵탕

(4인분) **무** 1/2개 **계란** 4개 **곤약** 1봉지 **어묵**(사쓰마아게, 치쿠와, 한펜, 긴차쿠 등 취향대로) 적당량 **비엔나소시지** 2~4개
다시마·가쓰오부시 다시 7컵 **간장** 2큰술 **미림** 3큰술 **소금** 1작은술 **겨자** 적당량

1. 계란은 삶아서 껍질을 벗겨두고 무는 껍질을 돌려 깎은 후에 쌀뜨물(또는 물)에서 5~6분간 삶아둔다.
2. 어묵과 소시지는 뜨거운 물을 한 대접 정도 부어 겉에 묻어 있는 여분의 기름기를 제거한다.
3. 냄비에 다시마·가쓰오부시 다시를 붓고 간장과 미림, 소금을 넣고 끓이다 끓기 시작하면,
삶은 계란과 무, 다시를 우리고 남은 다시마, 곤약을 넣고 15분 정도 끓이다가 각종 어묵과 소시지를 넣고
10분 정도 중불에서 천천히 끓여준다.
4. 개인 접시에 먹고 싶은 것을 한두 가지씩 덜어 겨자를 살짝 찍어 먹는다.

> **TIP 깊고 진한 어묵 다시 만들기**
>
> 기본적으로 어묵 요리에 사용되는 다시는 다시마와 가쓰오부시를 사용하는데 다시용 마른 멸치를 사용해도 깔끔하고 감칠맛이 나서 잘 어울린다. 냄비에 찬물과 다시마를 넣고 20분 이상 실온에 두었다가 불에 올려 끓기 시작하면 다시마를 건져낸다. 다시마를 건져낸 다시에 가쓰오부시나 멸치를 넣고 우려내는데 가쓰오부시의 경우 2~3분, 멸치의 경우 6~7분 정도 끓이다 깨끗하게 걸러낸 후에 사용한다. 어묵의 모든 조리가 끝나기 1~2분 전에 티백에 가쓰오부시를 담은 것을 넣고 우려내다 건져내면 가쓰오부시의 풍미를 더욱 풍부하게 즐길 수 있다.
>
> ● **재미있는 어묵 이야기**
>
> 우리가 흔히 알고 있는 일본어 '오뎅(おでん)'은 정작 일본에서는 다른 의미로 사용되고 있다. 우리나라에서는 어묵을 오뎅이라고 하지만 실제 어묵의 일본어는 '사쓰마아게(さつまあげ)'다. 이 사쓰마아게를 포함하여 곤약, 삶은 계란, 소 힘줄, 무 등 많은 재료를 함께 넣고 끓인 국물요리를 오뎅이라고 부른다.
>
> **어묵의 종류** p138 참조

三장
이자카야에 가고 싶은 날,
술안주

쓰케마구로

漬けマグロ 절인 참치회

술안주 037

(2인분) 참치회(붉은 살) 100g **간장** 2큰술 **미림** 2큰술 **와사비** 1작은술
쪽파 2~3뿌리

1. 넓은 그릇에 한입 크기로 자른 참치회를 펼쳐서 깔고 간장과 미림을 섞은 양념을 부어 골고루 묻을 수 있도록 뒤적인 후 10분간 냉장고에 넣어 재워둔다.
2. 재워둔 참치를 꺼내 접시에 담고 송송 썬 쪽파를 듬뿍 뿌리고 참치 조각 위에 와사비를 조금씩 올려 내간다.

✚ 쓰케마구로동

(2인분) 따뜻한 밥 2공기 **참치회** 100g **간 무** 2큰술 **쪽파** 2뿌리 **간장** 2큰술 **미림** 2큰술 **와사비** 1/2작은술

1. 참치회는 먹기 좋은 크기로 잘라 간장과 미림을 섞은 양념장에 재워 10분간 냉장고에 넣어둔다.
2. 대접 2개에 따뜻한 밥을 한 공기씩 담고 재워두었던 참치회를 50g씩 올린 후, 간 무와 와사비, 송송 썬 쪽파를 올려 내간다. 취향에 따라 참기름이나 간장을 뿌려 간을 맞춰 먹는다.

이제는 가끔 한국요리를 만들어 먹으면 한 이틀은 속이 쓰리고,

올라오는 마늘 냄새에 고생을 할 만큼 일본요리에 더 익숙해졌다.

물론 내가 먹고 자란 음식이니 먹을 때만큼은 정말 맛있다.

문제는 그다음이다. 쓰린 속에 밤새 괴로워하고 화장실에 들락날락거릴 만큼 탈이 난다.

게다가 우유를 많이 마셔도 가시지 않는 마늘 냄새는 정말 상상 이상이다.

이런 이유로 이제는 가끔 불고기며 오징어볶음이 먹고 싶다는 신랑의 요청도 단호히 거절하고

일식을 만들게 됐다.

이제는 일본인 신랑보다도 더 일식을 고집하는 한국 여자가 되어버렸다.

(2인분) **참치회** 100g **마** 5cm **메추리알** 2개 **와사비** 1작은술 **간장** 2큰술 **미림** 2큰술

1 마는 껍질을 벗기고 강판에 곱게 갈아준다.
  (마는 맨손으로 만지면 피부가 가려워지므로 위생장갑을 끼거나, 잡는 부분을 랩으로 싼 후에 갈도록 한다.)
2 참치회는 한입 크기로 잘라 간장과 미림에 버무려 그릇에 담고 간 마와 메추리알의 노른자를 올려 와사비를 곁들여 내간다. 김을 잘게 잘라 함께 올려도 좋다.

> **TIP 부드러운 도로로(とろろ) 만드는 법**
>
> 도로로는 도로로지루(とろろじる)의 준말로 마, 참마 등을 갈아서 맑은 장국 등으로 묽게 한 요리를 말한다. 기본 도로로를 부드럽게 만들려면 스리바치에서 곱게 갈아줘야 입 안에서 넘어가는 식감이 좋다. 스리바치가 준비되지 않았거나 스리바치로 갈아내는 것이 힘들 경우, 마를 냉동실에서 1시간 정도 얼려서 강판에 갈면 된다. 스리바치에서 갈아낸 것처럼 곱고 부드럽게 갈아낼 수 있다.

술안주
038

マグロのとろろ和え 참치 참마무침

마구로노 도로로아에

술안주 039 다라모 사라다

タラモサラダ 명란 감자 샐러드

(2인분) 감자(中) 2개 **명란젓** 1덩어리 **올리브유** 1큰술 **마요네즈** 2큰술 **레몬즙** 1작은술 **소금, 후추** 약간

1 명란젓은 속을 긁어내어 레몬즙과 잘 섞어둔다.
2 감자는 삶아서 뜨거울 때 완전히 으깬 다음, 살짝 식혀서 마요네즈, 올리브유, 소금, 후추를 넣고 잘 섞는다.
3 1의 명란젓을 2의 감자에 넣고 가볍게 섞어 그릇에 담아 구운 식빵이나 크래커와 함께 내간다.

(2인분) **라이스페이퍼** 4장 **새우** 6마리 **게맛살** 2개 **상추** 4장 **깻잎** 4장 **당면** 80g **무순** 1/2팩 **마요네즈** 1큰술
와사비 1작은술 **스위트 칠리 소스** 적당량

1 냄비에 물을 넉넉히 끓여서 새우를 살짝 데쳐 식혀두고 당면은 충분히 삶아 건져둔다.
   라이스페이퍼는 60도 정도의 미지근한 물에 담가 부드럽게 불린다.
2 상추와 깻잎은 깨끗하게 씻어두고 무순도 뿌리 부분을 잘라 깨끗하게 씻어둔다.
3 맛살은 손으로 찢어두고 마요네즈와 와사비는 잘 섞어둔다.
4 부드러워진 라이스페이퍼 위에 재료들을 골고루 올리고 와사비 마요네즈를 가늘게 올린 후,
   돌돌 말아 그대로 내가거나 적당한 크기로 잘라 칠리 소스와 함께 내간다.

● 스프링 롤에 어울리는 소스 두 가지

고추 간장 소스
간장 2큰술 **식초** 1큰술 **고추기름** 1작은술 **참깨** 1작은술
각 재료들을 골고루 섞어서 스프링 롤과 함께 내간다.

향채 케첩 소스
대파 10cm **다진 마늘** 1작은술 **다진 생강** 1작은술
간장 2큰술 **식초** 2큰술 **설탕** 1큰술 **케첩** 3큰술
대파는 다져서 냄비에 식용유를 1큰술 두르고 다진
마늘과 생강과 함께 향이 올라올 때까지 볶다가 각
조미료를 모두 넣고 끓어오르려고 하면 불을 끄고
살짝 식혀서 스프링 롤과 함께 내간다.

술안주
040

에비노 나마하루마키

エビの生春巻き 새우 스프링 롤

가마보코 산도

蒲鉾サンド 어묵 샌드

술안주 041

(2인분) **가마보코**(찐 어묵) 1개 **슬라이스 치즈** 3장 **방울토마토** 3개 **깻잎** 3장 **셀러리** 5cm
마요네즈 1큰술 **미소** 1큰술 **와사비** 1작은술

1. 가마보코는 약 1cm 두께로 잘라 가운데에 칼집을 깊게 넣어둔다.
2. 셀러리는 칼로 잘게 다져 미소와 마요네즈, 와사비 1/2작은술을 넣고 잘 섞어둔다.
3. 깻잎은 가로로 반으로 가르고 슬라이스 치즈와 방울토마토를 각각 절반씩 잘라둔다.
4. 칼집을 넣은 가마보코에 한쪽은 깻잎과 버무린 셀러리를 끼워넣고 한쪽에는 와사비를 살짝 바르고 깻잎, 슬라이스 치즈, 방울토마토를 끼워넣는다.
5. 취향대로 간장을 조금씩 찍어 먹을 수 있게 종지에 간장을 담아 함께 내간다.

● 가마보코(蒲鉾)의 종류와 특색

기본 가마보코는 간 생선을 이용하여 만든 모든 어묵을 통칭하는데, 우리가 흔히 알고 있는 튀긴 어묵에서부터 회오리 모양의 찐 어묵까지 전부 가마보코에 속한다고 볼 수 있다. 간략하게 가마보코의 종류와 특색을 알아보자.

1 찐 어묵

A 한펜(はんぺん) 마시멜로의 모양과 식감을 하고 있는 어묵으로 찐 어묵의 일종이다. 간 참마와 간 생선살로 만들어졌다.

B 나루토(なると) 라면이나 우동 위에 올라가는 회오리 모양의 어묵. 표면이 울퉁불퉁한 틀에 간 생선살을 넣고 쪄서 만들고 '나루토 마키'라고도 불린다.

C 무시타가마보코(蒸し板かまぼこ, 증판 어묵) 향이 없고 미끄러운 나무 판에 간 생선살을 올려 쪄낸 가마보코

2 구운 어묵

사사가모보코(笹かまぼこ, 대나무 잎 어묵) 생선살을 대나무 잎모양을 본 떠 만들어 불에 구워 만든 가마보코. 일본 센다이 지역의 특산품이다.

3 죽륜 어묵

치쿠와(ちくわ, 죽륜 어묵) 간 생선살을 갈아 기다랗고 가느다란 대나무나 꼬치에 덧붙여서 굽거나 쪄낸 형태의 어묵. 모양이 대나무와 닮았다 하여 죽륜, 즉 치쿠와라 불리게 되었다.

4 풍미 어묵

가니후미가마보코(カニ風味かまぼこ, 게맛살) 익숙한 식재인 게맛살도 어묵의 일종으로 게살 엑기스와 향을 첨가하고 식용색소로 색을 낸 어묵이다. 게맛살은 1970년대에 일본에서 개발되었으며 현재는 전 세계적으로 널리 사랑받고 있다.

5 튀긴 어묵

사쓰마아게(さつまあげ) 우리나라에서 가장 널리 이용되고 있는 어묵. 간 생선살을 여러 가지 형태로 만들어 튀겨낸 어묵이다.

2010년 1월 25일, 둘째가 태어났다.

큰아이도 27개월, 아직 어린아이니 엄마가 지켜봐주고 도와주어야 했는데

거기에 이제 막 태어난 둘째까지. 나는 상상도 할 수 없을 만큼 바빠졌다.

정말 이때만큼 친정에서 먼 외국으로 시집온 게 후회가 된 적이 없었다.

큰아이가 혹시라도 작은아이 다치게 하지 않을까?

작은아이를 돌보는데 큰아이가 소외감을 느끼거나 서운해하지는 않을까?

종일 신경을 곤두세우고 아이들을 지켜봐야 했다.

그러면서 집안일도 하고, 신랑도 챙기고, 블로그도 운영해야 했다.

그리고 이 와중에 나는 또 책을 쓰고 있다.

힘이 들고 조금은 벅차지만 지금 이렇게 하고 있는 건 그만큼 내가 힘이 남아 있다는 증거다.

술안주 042

이카노 마루야키

イカの丸焼き 오징어 통구이

(2인분) **물오징어** 2마리 **간장** 1큰술 반 **청주** 1큰술 **생강즙** 1작은술
조림장 : 간장 2큰술 반 **미림** 2큰술 **설탕** 2큰술

1. 오징어는 다리를 떼어내고 내장과 등뼈를 제거한 뒤, 뜨거운 물에 30초간 데쳐낸다.
2. 간장, 청주, 생강즙을 섞은 후, 데친 오징어를 10분간 담가둔다.
3. 간장, 미림, 설탕을 섞어 조림장을 만든다.
4. 담가두었던 오징어를 그릴이나 석쇠에서 앞뒤로 골고루 익힌다.
5. 전체적으로 다 구워졌으면 오징어가 식기 전에 조림장을 한 번에 부어준 후
   먹기 좋은 크기로 잘라 내간다. 마요네즈와 시치미, 간 무와 간장을 곁들여도 좋다.

술안주 043

낫토 치즈 긴차쿠

納豆チーズ巾着 낫토 치즈 유부주머니

(2인분) 유부 2장 **낫토** 2팩 **슬라이스 치즈** 4장 **깻잎** 2장

1. 유부는 반으로 잘라 완전히 벌려두고 낫토는 팩 안에 든 다레를 넣고 잘 섞어둔다.
2. 깻잎은 절반으로 자르고 치즈는 유부 안에 넣기 편하게 껍질을 벗겨 접고, 잘라둔 깻잎으로 감싼다.
3. 섞은 낫토와 깻잎으로 감싸둔 치즈를 유부 안에 잘 밀어넣고 이쑤시개로 입구를 꿰어둔다.
4. 기름을 두르지 않은 프라이팬에 속을 채운 유부주머니를 올리고 중불에서 치즈가 녹을 정도로 2~3분간 천천히 구워 내간다.

술안주 044

にらつくね 부추 닭고기완자

니라 쓰쿠네

(2인분) **간 닭고기** 200g **부추** 4~5줄기 **계란** 1/2개 **전분** 2작은술 **소금** 1/2작은술 **후추** 적당량
조림장 : 간장 2큰술 **미림** 2큰술 **설탕** 1/2큰술

1. 부추는 깨끗하게 씻어서 잘게 송송 썰어둔다.
2. 간 닭고기와 썬 부추, 계란과 전분, 소금, 후추를 볼에 넣고 손으로 잘 치대 반죽한 후, 적당한 크기로 모양을 잡아 빚는다.
3. 프라이팬에 식용유를 두르고 완자를 앞뒤로 노릇하게 구워준다.
4. 노릇하게 구워진 완자는 프라이팬의 뚜껑을 덮고 물을 1/3컵 정도 붓고 속까지 확실히 익힌다.
5. 물이 거의 다 졸아들었으면 뚜껑을 열고 표면을 다시 한 번 바짝 구워준 후, 간장과 미림, 설탕을 넣고 조리다가 조림장이 절반으로 줄어들면 불을 끄고 접시에 담아 내간다.

술안주 045

규니쿠토 야사이노 펫파스테키

牛肉と野菜のペッパーステーキ　소고기와 야채 후추 스테이크

(2인분) 스테이크용 소고기 150g **단호박** 100g **아스파라거스** 2개 **토마토** 1/2개
소금 1/2작은술 **후추** 1/2작은술 **간 통후추** 취향대로

1. 단호박은 얄팍하게 4~5cm 폭으로 썰어두고 그린 아스파라거스는 5cm 길이로
   잘라둔다. 식용유를 2큰술 두른 프라이팬에 단호박과 아스파라거스를 넣고
   뚜껑을 닫아 굽는다. 한쪽 면당 약 3분씩, 불은 중간불보다 약하게 하고 굽는다.
2. 단호박과 아스파라거스가 익었으면 적당한 크기로 자른 토마토를 넣고
   살짝 볶아준 후, 소금과 후추를 약간 뿌려 접시에 덜어둔다.
3. 소고기에 밑간으로 소금과 간 통후추를 살짝 뿌려두고
   프라이팬에 식용유 1/2큰술을 두르고 중불에서 한쪽 면당 2~3분 정도 구워준다.
   (웰던 상태. 취향에 따라 더 구울 수도 있다.)
4. 소고기의 표면이 잘 구워졌으면 프라이팬에서 꺼내
   도마에서 2cm 정도의 정사각형 모양으로 잘라 구워둔 야채들과 함께
   앞접시에 덜어내어 간 통후추를 취향대로 뿌려서 먹는다.

베콘마키 모리아와세

술안주 046

ベーコン巻き盛り合わせ 베이컨말이 모둠꼬치

(6개분) 베이컨 13장 **아스파라거스** 2개 **팽이버섯** 1/2팩 **삶은 메추리알** 3개 **방울토마토** 3개
프로세스치즈 3장 **모치(일본 떡)** 1개

1. 베이컨은 반으로 잘라 한 장씩 떼어둔다.
2. 아스파라거스는 5cm 폭으로 3등분하여 질긴 끝부분은 잘라 버리고 소금물에 1분간 데쳐낸다.
   팽이버섯도 밑동을 잘라 버리고 절반으로 잘라 준비한다.
3. 프로세스치즈는 비틈을 빗겨 3장을 겹쳐 4등분으로 자른 후, 2덩어리씩 다시 겹쳐 5등분으로 나눈다.
   모치는 5등분으로 나누는데 매우 단단하므로 조심해서 잘라 전자레인지에서 30초간 가열한 후 사용한다.
4. 반으로 자른 베이컨에 재료들을 각각 넣고 말아 꼬치에 5조각씩, 덩어리가 큰 방울토마토와 메추리알은
   3개씩 끼워준다. 이때, 가장 먼저 끼우는 조각은 이음새가 위로 올라오게 끼우고 마지막에 끼우는 조각은
   이음새가 아래로 오게 끼워야 중간에 빠지지 않는다.
5. 그릴이나 기름을 두르지 않은 프라이팬에서 베이컨이 구워질 정도로만 구워서 내간다.

> 술안주 047
>
> 焼き鳥 닭꼬치
>
> # 야키토리

(2인분) 닭허벅살 2장　**대파** 3뿌리
조림장 : 간장 5큰술　**미림** 5큰술　**설탕** 2큰술

1. 냄비에 간장과 미림, 설탕을 넣고 잘 저어가면서 약불에서 조림장의 양이 절반이 될 때까지 졸여 데리야키 조림장을 만든다.
2. 닭고기는 지방질이 적당히 있는 허벅살로 준비하여 한입 크기로 잘라 준비하고 대파는 흰 줄기 부분을 약 3cm 폭으로 잘라둔다.
3. 자른 닭고기는 후추를 살짝 뿌려서 기름을 두르지 않은 프라이팬이나 그릴에서 앞뒤로 약 2~3분간 애벌구이 해준다.
4. 꼬치에 닭고기 → 대파 → 닭고기 → 대파 → 닭고기 순으로 꽂아주고 역시 기름을 두르지 않은 프라이팬이나 그릴에서 중불 이하로 불을 낮추고 천천히 앞뒤로 구워준다.
5. 구워낸 꼬치는 만들어둔 조림장에 한 번 담가 접시에 담아 내간다.

술안주 048
구시가쓰
串カツ 꼬치가쓰

(6개분) **돼지 등심** 250g **양파** 반 개(또는 대파 1뿌리) **밀가루** 4큰술 **계란** 1개
빵가루 5큰술 **소금** 1작은술 **후추** 약간 **돈가스 소스** 취향대로

1. 돼지고기는 한입 크기로 잘라 소금과 후추를 살짝 뿌려둔다.
   양파도 돼지고기와 비슷한 크기로 잘라두고 대파의 경우 약 3cm 폭으로 잘라둔다.
2. 꼬치에 돼지고기 → 양파(또는 대파) → 돼지고기 순으로 꿰어 준비한다.
3. 꼬치에 가볍게 밀가루를 입히고 계란물에 적신 다음 빵가루를 손으로 꼭꼭 눌러가며 골고루 입혀준다.
4. 175~170도 정도의 기름에서 노릇하게 튀겨낸다.
5. 레몬 조각이 있으면 한쪽 곁들여 소스와 함께 뜨거울 때 내간다.

TIP 가쓰 응용 재료

1. **육류** 한입 크기의 고기라면 돼지, 소, 닭 어느 것이라도 무관하다.
2. **생선류** 오징어 문어, 연어나 동태같이 살이 큼직한 덩어리의 생선 등이 적합하다.
3. **야채류** 아스파라거스, 꽈리고추, 방울토마토, 가지, 호박 등 꼬치에 꿸 수만 있다면 어떤 것도 응용 가능하다.

술안주 049

이카 토 타코 노 가라아게

イカとタコの唐揚げ 오징어와 문어 튀김

(2인분) 삶은 문어다리 1개 **오징어다리** 1마리 분
생강 1톨 **간장** 2큰술 **청주** 2큰술 **전분** 3큰술 **레몬** 반 개

1. 삶은 문어다리와 오징어다리는 각각 먹기 좋은 크기로 잘라둔다.
2. 강판에 갈아서 짠 생강즙에 간장과 청주와 섞어 잘라둔 문어와 오징어다리를 15분간 담가둔다.
3. 15분 후 재료들 전분을 담은 폴리백에 넣고 입구를 잡고 잘 흔들어서 전분을 묻힌 다음 약 180도 정도의 기름에서 4~5분간 노릇하게 튀겨낸다.
4. 레몬 조각과 함께 내간다.

술안주 050

아게다시도후

揚げ出し豆腐 다시 튀김 두부

(2인분) **판두부** 1모 **전분** 3큰술 **무** 5cm **간 생강** 1/2작은술
다시 : 다시마 · 가쓰오부시 다시 1컵 **간장** 2큰술 **미림** 1큰술 **소금** 1/2작은술

1. 다시마 · 가쓰오부시 다시에 미림과 간장, 소금을 넣고 잘 섞어 다시를 준비한다.
2. 두부는 뜨거운 물에 3분간 데치거나 젖은 키친타월을 씌우고 전자레인지에 가열을 하여
   수분이 배어나오는 것을 막고 4~6등분으로 잘라서 소금을 살짝 뿌려 전분을 골고루 입혀준다.
3. 약 170~175도의 기름에서 두부를 바삭하게 튀겨낸다.
4. 무는 강판에 갈아 소쿠리에 30초 정도 건져두어 여분의 수분을 빼주는데 절대로 짜지 않도록 한다.
5. 우묵한 그릇에 튀겨낸 두부를 담고 1에서 준비해둔 다시를 두부가 절반 정도 담기게
   천천히 붓고 두부 위에 갈아놓은 무와 생강을 듬뿍 올려 내간다.

술안주 051

나고야 데바사키아게
名古屋手羽先揚げ 나고야식 닭날개튀김

(2인분) **닭날개** 8개　**밀가루** 3큰술　**꿀** 1큰술　**소금** 1/2작은술　**후추, 통깨** 적당량

1. 닭날개는 군데군데 칼로 찔러 잘 익을 수 있게 하여 소금과 후추를 살짝 뿌려서 밑간을 한 후, 밀가루를 가볍게 입혀둔다.
2. 밀가루를 입힌 닭날개를 약 175~180도의 기름에서 노릇하게 7~8분 튀겨낸다.
3. 튀겨낸 닭날개는 키친타월 위에서 여분의 기름을 빼주고 뜨거울 때 꿀을 발라준 후, 소금과 후추, 통깨를 섞어 표면에 살살 뿌려준다.
   (또는 데리야키 소스●에 한 번 담갔다 접시에 담아 내간다.)

● 데리야키 소스 p105 참조

술안주 052

멘타이코 치즈 아게교자

明太子チーズ揚げ餃子 명란 치즈 튀김만두

(2인분) **만두피** 9장 **명란젓** 1덩어리 **프로세스치즈** 3장

1. 명란젓은 랩으로 한 겹 감싸 이쑤시개로 가운데 구멍을 뚫어 짜서 쓸 수 있도록 준비하고 치즈는 3장을 포갠 후 9등분으로 나누어 준비한다.
2. 만두피 가운데 치즈를 한 덩어리 올리고 명란젓을 치즈 크기만큼 짜낸 다음 모양을 잡아 빚는다.
3. 170도 정도의 기름에서 1~2분간 노릇하게 튀겨낸다.
   명란젓 자체에 염분이 많으므로 따로 간을 하거나 소스를 곁들일 필요는 없다.

> **TIP** 치즈와 함께 들어가는 만두소를 명란젓 대신 감자나 통조림 참치 등을 넣으면 다른 맛의 튀김만두를 만들 수 있다.

술안주 053

가니 구리무 고로케

カニクリームコロッケ 게살 크림 크로켓

(4인분) 게살 또는 게맛살 300g 양파 1/2개 박력분 3큰술 버터 2큰술 반 우유 1컵 반
소금 1/2작은술 후추 적당량 파마산치즈 1큰술 계란 1개 튀김용 밀가루 2큰술 빵가루 4큰술

1 게살은 손으로 잘게 찢어 준비한다. 양파는 잘게 다져 갈색이 돌 때까지 볶는다.
2 양파가 갈색이 돌기 시작하면 버터와 밀가루를 넣고 중약불에서 천천히 볶는다. 전체적으로 갈색이 돌면 우유를 2번에 나누어 붓고 천천히 풀어가며 부드러운 화이트소스를 만든다.
3 2의 화이트소스에 소금과 후추, 파마산치즈를 넣고 잘 섞은 후 불을 끄고 찢어둔 게살을 넣는다.
4 높이가 있는 그릇에 3의 소스를 붓고 냉동실에서 3시간 이상 굳힌다.
5 완전하게 굳은 화이트소스는 칼로 10등분으로 잘라 타원형으로 모양을 잡아준다.
6 소스가 녹기 전에 밀가루 → 계란물 → 빵가루 순으로 튀김옷을 입혀서 175도 이상의 기름에서 노릇하게 튀겨낸다.

> **TIP** 크림 크로켓이 터지지 않게 튀겨내는 방법
>
> 1 크기를 너무 크게 만들지 않는다. 속까지 데우느라 너무 오랜 시간 튀기게 되면 터져버리기 쉬우므로 크기는 적당하게 만드는 것이 좋다.
> 2 크림을 반드시 완전하게 식힌 후에 튀긴다. 표면의 튀김옷이 튀겨지기 전에 속 안의 크림이 팽창하여 터져버리는 수가 있다.
> 3 맛을 생각한다면 빵가루를 1번 입히는 것이 식감도 가볍고 맛이 좋지만 터질 것이 염려된다면 빵가루를 입힌 후에 계란물을 1번 더 입히고 빵가루를 2번 입혀서 튀기도록 한다.

술안주 054

다이콘노 와후 사라다

大根の和風サラダ 일본식 무샐러드

(2인분) 무 1/3개 **무순** 1/2팩 **양파** 1/4개 **후첨용 가쓰오부시** 1팩 **전장김** 1/2장
드레싱 : 간장 2큰술 **참기름** 2큰술 **식초** 2큰술 **미림** 1큰술 **설탕** 1작은술 **깨소금** 1큰술

1. 무는 가늘게 채를 썰고 무순은 적당히 밑동을 잘라서 준비한다. 양파는 가로로 얇게 썰어서 찬물에 4~5분간 담가 매운맛을 제거하고 소쿠리에 건져 물기를 빼둔다.
2. 간장 → 식초 → 미림 → 설탕의 순으로 잘 섞고 마지막에 참기름과 깨소금을 넣고 골고루 섞어 드레싱을 만든다.
3. 그릇에 무채와 무순, 양파를 골고루 섞어 담고 가쓰오부시를 듬뿍 뿌리고 김은 손으로 잘게 찢어 올린다.
4. 드레싱은 따로 내가고 먹기 직전에 부어 골고루 섞어서 먹는다.

사사미 노 우메보시 아에

ささみの梅干和え 닭가슴살 우메보시무침

술안주 055

닭가슴살 1/2장(100g) **무순** 1/3팩
드레싱 : 우메보시(中) 3~4개 **올리브유** 3큰술 **후추** 약간 **레몬즙** 1큰술

1. 우메보시는 씨를 빼내고 칼로 곱게 다져서 페이스트 상태로 만들어준 후, 후추와 레몬즙을 넣고 골고루 섞다가 마지막에 올리브유를 넣고 드레싱을 만든다.
2. 닭가슴살은 소금을 약간 넣은 물에서 완전하게 데쳐낸 후, 찬물에 담가 열기를 빼준다. (시간이 넉넉할 경우에는 삶아낸 물에 담근 채로 시킨다.)
3. 무순은 밑동을 잘라내고 닭가슴살은 손으로 잘게 찢어둔다.
4. 큼직한 볼에 닭가슴살과 무순을 넣고 손으로 가볍게 뒤섞은 후에 드레싱을 넣고 골고루 버무려낸다.

나스노 아게히타시

술안주 056

茄子の揚げ浸し 튀긴 가지 냉나물

짧은 가지 3개 **토핑용 가쓰오부시** 약간
쓰케지루 : 멘쓰유(시판용) 1/2컵 **차가운 생수** 1/4컵 **다진 대파** 1큰술 **다진 마늘** 1/2작은술 **다진 생강** 1/2작은술
풋고추(취향에 따라 청양고추) 1개

1. 가지는 아랫부분에서 꼭지까지 세로로 6등분으로 칼집을 넣는다.
2. 시판용 멘쓰유에 생수를 붓고 다진 대파와 마늘, 생강을 넣고 취향에 따라 풋고추도 다져넣고 쓰케지루를 준비한다.
3. 1의 가지는 깨끗한 기름에서 앞뒤로 약 3~4분 정도 튀겨낸다.
4. 튀겨진 가지는 기름에서 건지자마자 만들어둔 쓰케지루에 담가 냉장고에 넣어 차게 식혀서 먹는다. 먹기 직전에 가쓰오부시를 뿌려 내가도 좋다.

술안주 057

아사리 노 사카무시

アサリの酒蒸し 바지락 청주찜

(4인분) 바지락 2팩(약 300g) **청주** 5큰술 **생강즙** 1작은술 **쪽파** 2뿌리 **간장** 1큰술 **버터** 1작은술

1 바지락은 소금물에 해감시킨 것으로 준비하여 표면을 깨끗하게 문질러 닦아둔다.
2 우묵한 프라이팬에 청주와 생강즙, 바지락을 넣은 후, 뚜껑을 덮고
   센 불에서 바지락이 전부 벌어질 때까지 끓여준다.
3 바지락이 모두 입을 벌리면 건져내고, 남은 국물은 그대로 센 불에서 졸여
   양이 절반으로 줄어들면 간장과 버터를 넣고 잘 섞어 바지락 위에 뿌려준다.
4 송송 썬 쪽파를 듬뿍 뿌려 내간다.

四장
일본요리 실력 레벨 업!
별미식

별미식 058

부타토 레타스 샤부샤부

豚とレタスしゃぶしゃぶ 돼지고기 양상추 샤부샤부

푸짐한 나베 요리

(4인분) **양상추** 1통 **샤부샤부용 돼지고기** 300g **팽이버섯** 1팩 **대파** 1뿌리
다시마 다시 7컵 **샤부샤부 소스**

1. 양상추는 흐르는 물에 깨끗하게 씻어 큼직하게 툭툭 잘라둔다.
   팽이버섯은 밑동을 잘라서 준비하고 대파는 어슷하게 썰어둔다.
2. 전골냄비에 다시마 다시를 붓고 약불에서 끓여가면서 대파를 넣고 나머지 재료들은 살짝 데쳐 소스에 찍어 먹는다.

● 샤부샤부 소스 몇 가지

오렌지 머스터드 소스
오렌지 1개 **머스터드** 1큰술 **올리브오일** 2큰술
소금 1/2작은술 **후추** 적당량
오렌지는 반으로 갈라 즙을 완전히 짜낸 후,
오렌지 즙과 나머지 재료들을 골고루 섞는다.

우메보시 소스
우메보시 2개 **다시** 1/4컵 **미림** 3큰술 **간장** 1큰술
우메보시는 씨를 빼내고 칼로 잘게 다진 후,
나머지 재료들과 골고루 섞는다.

갈릭 간장 소스
마늘 1톨 **다진 파** 1큰술 **간장** 2큰술 **설탕** 1작은술 **식초** 1작은술 **참기름** 1작은술 **고추기름** 1작은술
마늘을 다져서 각 재료들과 골고루 섞어준다.

TIP 1 시판용 쓰유를 활용해보자

다시나 육수를 준비할 수 없을 경우에는 시판용 멘쓰유(메밀국수 장국), 나베모토(찌개용 소스) 등을 이용하면 간단하게 맛있는 나베 요리를 만들 수 있다.

시판용 쓰유로 간단히 나베 만들기
전골냄비에 시판용 멘쓰유 5/4컵과 물 3/4컵을 넣고 끓기 시작하면 취향대로 준비한 재료를 고기부터 야채, 두부 등을 순서대로 넣고 모든 재료들이 완전하게 익으면 건져 먹는다.

TIP 2 나베 재료의 기초 손질법과 순서

육류 고기는 먹기 좋은 한입 크기로 썰어두고, 나베의 다시가 끓기 시작함과 동시에 가장 먼저 넣어 고기 자체에서 우러나오는 맛을 끌어내도록 한다.

어패류 나베에 주로 사용하는 어패류는 비린내가 적은 흰살 생선(동태, 도미 등)이나 연어, 대합이나 바지락, 물오징어나 새우 등이다. 각 재료의 기초 손질은 일반적인 수준이면 되고 나베에 넣는 순서는 고기와 마찬가지로 가장 먼저 넣어 재료의 맛을 국물에 함께 우리는 것이 좋다.

야채류 야채는 종류에 따라 넣는 순서가 다른데 무나 당근, 감자 같이 단단한 뿌리 야채는 고기나 어패류를 넣을 때 함께 넣고 익혀준다. 크기는 너무 두껍거나 크지 않게 썰어주는 것이 좋다. 그 다음으로는 잎채소(배추, 양배추, 청경채 등)와 향채소(양파, 대파 등)를 넣고 먹기 직전에 버섯이나 쑥갓, 미나리나 수경채 등을 넣도록 한다.

그 외의 재료 주재료들 외의 두부나 유부, 당면이나 파스타, 소시지 등은 나베에 넣기 전에 한 번 데치거나 삶아서 익혀주는 것이 좋다. 유부나 소시지, 햄 같은 재료는 뜨거운 물을 한번 끼얹어 여분의 기름을 제거하고 넣어준다.

언젠가 오래된 친구가 말했다. "난 네가 그냥 전업 주부로 남지 않았으면 좋겠어."

친구의 말에 '전업 주부가 뭐 어때서?'라고 묻고 싶었다.

주부, 아줌마, 아이엄마가 나의 직업이고 나는 이 일에 최선을 다하고 있다.

그냥 하는 게 아니라 어떻게 하면 남편이 힘들게 벌어온 월급으로 우리 가정을 잘 꾸려갈 수 있을지,

아이들을 어떻게 잘 키울 수 있을지 공부하고 정보를 모은다. 더불어 자기계발을 하기 위해 노력한다.

그러다보니 '블로거'라는 새로운 이름을 얻게 됐고 이렇게 책을 쓰고 있다.

내가 주부라서, 아줌마라서, 아이엄마라서 아무것도 못 한다고 생각하지 않는다.

나의 지금 이 자리는 내가 하지 못하는 것에 대한 이유가 아니라 내가 할 수 있는 근거가 되고 있다.

나는 주부고, 아줌마고, 아이 엄마다.

별미식 059

다이콘토 가키노 도유 샤부샤부
大根とカキの豆乳しゃぶしゃぶ 무와 굴 두유 샤부샤부

(2인분) 두유 2컵 반 **다시마** 1장(1cm×1cm) **소금** 1/3작은술 **굴** 200g **무** 1/3개 **무순** 1/2팩
소스 : 마늘 2쪽 **간장** 4큰술 **식초** 4큰술

1. 무는 필러를 이용해서 얇게 저미고 굴은 소금물에 살짝 흔들어 씻어둔다.
2. 마늘은 곱게 갈아서 간장과 식초를 넣고 잘 섞어 소스를 만들어둔다.
3. 전골냄비에 두유를 붓고 다시마를 주방 가위로 잘게 잘라 함께 넣고 끓이다가 두유가 끓어오르기 시작하면 불을 줄이고 다시마를 전부 건져낸다.
4. 두유가 끓어오르지 않게 불은 약하게 유지하면서 얇게 썬 무와 굴, 무순을 넣고 살짝 데쳐서 소스에 찍어 먹는다.

별미식 060

도리노 미즈타키

鶏の水炊き 일본식 닭백숙

(4인분) **닭** 1마리 **다시마 다시** 7컵 **청주** 1/2컵 **두부** 1/2모 **대파** 1뿌리 **배추** 1/8포기 **표고버섯** 2개 **쑥갓** 한 줌
소스 : **간장** 5큰술 **식초** 3큰술 **간 유자 껍질**(유기농) 2작은술

1. 닭은 먹기 좋게 토막을 낸 것으로 구입하거나 직접 토막을 낸 후,
   다시마 다시와 청주를 부은 냄비에 닭을 넣고 중불에서 20분 정도 끓인다.
2. 닭이 모두 익었으면 건져내고 국물을 고운체로 한 번 걸러낸다.
3. 익힌 닭을 냄비에 다시 담고 툭툭 썬 배추, 두부, 표고버섯, 대파 등을 보기 좋게 담는다.
   여기에 **2**에서 걸러낸 국물을 천천히 부어 약불에서 뭉근하게 끓여가며 재료들을 익혀준다.
4. 볼에 간장과 식초, 간 유자 껍질을 넣고 잘 섞어 소스를 준비한다.
5. 마지막으로 쑥갓을 넣고 숨이 죽으면 하나씩 건져 **4**의 소스에 찍어 먹는다.
6. 건더기를 다 건져 먹고 남은 국물에 밥을 반 공기 정도 넣은 후, 계란을 풀어 넣고 소금으로 간을 하여
   조스이(죽보다 단단한 끓인 밥)를 만들어서 마무리한다.

별미식 061

湯豆腐 온두부

유 도 후

연두부 1모 **다시마 다시** 5컵 **소금** 1작은술 **간장** 4큰술 **식초** 3큰술 **간 생강** 약간

1. 두부는 먹기 좋게 크기로 자르고 냄비에 서로 겹쳐지지 않게 담은 다음, 다시마 다시를 붓고 소금을 넣은 후, 약불에서 천천히 데워준다.
2. 두부가 살짝 흔들릴 정도로 끓어오르면 건져내어 간 생강을 올리고 간장과 식초를 섞은 초간장을 뿌려서 먹는다.

> 별미식 062

시오 장코 나베

塩ちゃんこ鍋 소금 · 장코 전골

(2인분) 돼지 삼겹살 100g **생태** 2조각 **유부** 2장 **부추** 1/2단 **배추** 1/6포기 **표고버섯** 4장 **당근** 1/3개 **숙주나물** 1/2봉지(100g) **닭 육수** 7컵 반(물 7컵 반 + **치킨 스톡** 2조각) **소금** 1큰술 **참깨** 1 큰술
닭고기 완자 : 간 닭 150g **다진 파** 2큰술 **푼 계란** 1/2개 **간장** 1큰술 **생강즙** 1작은술 **전분** 1작은술

1. 큼직한 볼에 간 닭고기 완자의 재료를 모두 넣고 손으로 잘 치대 반죽해둔다.
2. 각 재료들은 먹기 좋은 크기로 잘라 준비해둔다.
3. 전골냄비에 닭 육수와 소금을 넣고 준비해둔 닭고기 완자 반죽을
   숟가락으로 동그랗게 모양을 잡아가면서 1/2큰술씩 떼어 넣고
   닭고기 완자가 모두 익으면 한입 크기로 썬 삼겹살을 넣고 익힌다.
4. 삼겹살의 색이 변하면 야채들과 다른 부재료들을 넣는다.
   재료들이 익으면 참깨를 넣고 건져 먹는다.

● **장코(ちゃんこ)** 씨름꾼이 먹는 독특한 냄비 요리로, 큰 냄비에 큼직하게 토막친
생선이나 닭고기, 두부, 채소 등을 넣어 끓이거나 조린 요리다.

다라 미소 나베

별미식 063

鱈味噌鍋 생태 미소 전골

(2인분) **생태** 1/2마리 **생태 곤이** 200g **배추** 1/8통 **청경채** 2뿌리 **표고버섯** 4장 **팽이버섯** 1팩 **대파** 1뿌리 **두부** 1모 **당근** 1/3개 **다시마·가쓰오부시 다시** 7컵 **미소** 4큰술

1 생태는 소쿠리 등에 올려 뜨거운 물을 한 대접 정도 부어서 비린내를 없앤다.
2 야채와 두부는 먹기 좋은 크기로 잘라두고 냄비에 생태와 다른 재료들과 함께 보기 좋게 둘러 담는다.
3 다시를 붓고 뚜껑을 덮어 약 7~8분 끓이다가 재료들이 어느 정도 익었으면 불을 가장 약하게 줄이고 미소를 풀어 떠먹는다.

별미식 064

寄せ鍋 모둠 전골

요세나베

(2인분) **배춧잎** 2장 **무** 3cm **표고버섯** 4장 **대파** 1뿌리 **쑥갓** 한 줌 **새우**(중하) 8마리 **생태** 2~3조각
닭허벅살 1장(약 200g) **다시마 · 가쓰오부시 다시** 5컵 **간장** 2큰술 **청주** 1/4컵 **소금** 1/2작은술

1. 배추는 한입 크기로 자르고 무는 높이 1cm로 잘라서 쌀뜨물에 5분간 삶아둔다.
   표고버섯은 밑동을 떼고 대파는 어슷하게 썰어 준비한다.
2. 새우는 껍질을 벗기고 내장을 빼낸다. 생태와 닭허벅살은 한입 크기로 잘라둔다.
3. 다시에 간장, 청주, 소금을 잘 섞어두고 냄비에 각 재료들을 보기 좋게 둘러 담은 후,
   다시를 부어 중불에서 천천히 끓여가며 떠먹는다.

별미식 065

石狩鍋 홋카이도 해물전골

이시카리나베

(2인분) **생 연어** 4조각 **새우**(중하) 4마리 **가리비** 4개 **양배추** 1/4통 **느타리버섯** 1팩 **팽이버섯** 1팩 **당근** 1/3개 **대파** 1뿌리 **미소** 4큰술 **청주** 1/4컵 **다시마 다시** 7컵 반 **버터** 1큰술

1. 새우와 가리비는 내장을 제거하고 껍질을 떼어낸다. 야채들은 한입 크기로 잘라둔다.
2. 냄비에 해물과 당근, 양배추, 대파를 담고 다시마 다시와 청주를 붓고 중불에서 보글보글 끓이다가 재료들이 어느 정도 익었으면 버섯을 넣는다.
3. 버섯의 숨이 죽었으면 불을 가장 약하게 줄이고 미소를 골고루 풀어준 후, 버터를 넣고 골고루 섞어 떠먹는다.

● 홋카이도 이시카리식 나베

홋카이도 특산물은 유제품과 해산물과 연어인데, 이시카리시의 어부들이 산란을 위해 이시카리강 하구로 올라오는 연어를 미소시루에 넣던 것이 지금의 나베로 발전하여 홋카이도 3대 향토 음식으로 자리잡았다. 여기에 특산물의 하나인 유제품 중 버터를 전골에 올려 나베의 맛을 부드럽게 만든다. 버터의 풍미가 나베와 어우러지면서도 포인트가 되어준다.

별미식 066 세키항

赤飯 찹쌀 팥밥

축하하는 자리에 어울리는 스페셜 라이스

(4인분) **찹쌀** 2컵 **붉은팥** 1/2컵 **소금** 1큰술 **검은깨** 1큰술 **물** 2컵 반

1. 팥은 냄비에 물을 넉넉히 넣고 5분간 중불에서 삶은 후, 소쿠리에 건져 물기를 빼둔다.
2. 다시 냄비에 삶은 팥과 물 2컵 반을 넣고 가장 약불에서 15분간 삶아주는데
   이때 물이 부글부글 끓어오르지 않게 삶아야 팥이 터지지 않는다.
3. 팥이 다 삶아졌으면 팥을 소쿠리에 건져두고 팥을 삶은 물은 버리지 않고 따로 덜어둔다.
4. 밥솥에 씻은 찹쌀을 넣고 삶은 팥을 골고루 올리고 팥을 삶은 물로 밥물을 맞춘다.
   팥이 잠길 정도로 물을 붓고 밥을 한다.
5. 밥이 다 되었으면 넓은 쟁반이나 패드에 덜어내어 소금과 검은깨를 넣고 골고루 주걱으로 섞으면서 식혀준다.

> **TIP** 남은 세키항 보관법
>
> 남은 세키항은 계속 밥솥에 두고 보온을 하면 맛이 떨어지고 밥이 질어지므로 일단 밥을 지으면 넓은 패드에서 한 김 식힌다. 이후에 먹을 만큼만 덜어서 먹고 남은 세키항은 주먹밥으로 뭉쳐서 랩을 씌워두거나, 한 공기 분량씩 공기에 담아 냉동시켰다가 전자레인지에 데워서 먹으면 좋다.

지라시즈시
ちらし寿司

(4인분) **뜨거운 밥** 3공기 **당근** 1/3개 **마른 표고버섯** 4장 **새우**(중하) 6마리
줄기콩(혹은 아스파라거스) 8개 **연어**(훈제도 가능) 50g **연어알** 1큰술 **연근** 1개 반
단촛물 : 식초 2큰술 **레몬즙** 3큰술 **설탕** 1큰술 **소금** 1작은술
조림장 : 다시 1컵 반 **간장** 3큰술 **설탕** 1큰술 반 **청주** 1작은술
계란물 : 계란 3개 **설탕** 1작은술 **소금** 약간 **전분** 1작은술

1 당근과 표고버섯은 자잘하게 다진 후, 미리 섞어둔 조림장과 함께
   조림장이 거의 졸아들 정도로 조려둔다.
2 계란은 설탕, 소금, 전분을 넣고 잘 풀어서 얇게 지단을 부쳐 식혀두었다가 가늘게 채를 썰어준다.
3 연근은 얇게 썰어서 뜨거운 물에 2분 정도 데친 후, 건져내어 미리 섞어둔 단촛물의 2/3 분량에
   담가 절여둔다. 10분 정도 초절임한 연근은 1/3은 장식용으로 2/3는 초밥에 섞을 것이므로
   나눠둔다.
4 새우는 껍질을 벗기고 내장을 제거한 후, 뜨거운 물에 삶아두고
   줄기콩도 뜨거운 소금물에 살짝 데쳐 준비한다.
5 연어는 1cm×1cm 크기로 작게 잘라서 준비해둔다.
6 넓은 쟁반에 뜨거운 밥을 넣고 남은 단촛물을 한 번에 부어 부채로 부치면서
   주걱으로 계속 저어가며 단촛물을 날려준다. 단촛물을 날린 초밥은 1의 조려둔 당근과 표고버섯,
   3의 다져둔 연근(2/3)과 함께 다시 한 번 골고루 섞어둔다.
7 그릇에 6의 초밥을 담고 채 썬 지단과 장식용 연근, 데친 새우와 줄기콩, 연어와 연어알 등을
   보기 좋게 장식하여 앞접시와 함께 내가서 먹을 만큼 덜어서 먹도록 한다.

● 히나마쓰리(雛祭り)의 지라시즈시

히나마쓰리는 3월 3일로 매년 집안의 여자아이들이 예쁘고 건강히 자라 좋은 배우자를 만나 행복한 인생을 보낼 수 있기를 기원하는 축제다. 히나마쓰리에는 빨간색, 녹색, 흰색이 들어간 마름모꼴 떡과 설탕을 묻힌 튀긴 찹쌀 과자인 히나아라레, 지라시즈시와 대합국을 먹는다. 지라시즈시는 히나마쓰리의 의미를 담아 예쁘게 스시를 만들던 습관이 지라시즈시로 정착된 것이다. 대합국의 의미는 아귀가 꼭 맞는 대합 껍데기처럼 꼭 맞는 신랑감을 만나 행복하게 살라는 의미라고 한다.

별미식 068

고모쿠고항

五目ご飯 오목밥

(4인분) 쌀 2컵 닭허벅살 1장(200g) 우엉 1/2뿌리 당근 1/3개 표고버섯 3장 건조 톳 10g
간장 2큰술 미림 2큰술 청주 2큰술

1 쌀은 깨끗하게 씻어두고 톳은 물에 담가 불려 잘게 썰어둔다.
2 우엉을 칼등으로 긁어 껍질을 벗기고 연필 깎듯이 깎아 찬물에 5분 정도 담가 떫은맛을 제거한다.
3 당근은 우엉과 톳의 길이와 비슷하게 맞추어 채를 썰어 두고 표고버섯도 밑동을 제거하고 세로로 썰어둔다.
4 닭허벅살은 주방 가위를 이용하여 1cm×1cm 크기로 자른 후, 간장 1큰술과 소금 약간을 넣고
    밑간을 해둔다.
5 밥통에 쌀을 담고 물은 쌀의 높이와 같게 잡은 후, 간장, 미림, 청주를 넣고 부족한 물은 조금씩 더 넣어
    일반 밥의 물 양과 같게 맞춘다. 물의 양을 맞췄으면 잘라둔 재료들을 골고루 위에 올린 후 취사한다.
6 취사가 끝났으면 그대로 5분 정도 두어 뜸이 충분히 들게 한 다음에 밥통을 열고 밥을 잘 섞어준다.

TIP 다키코미고항(炊き込み御飯)을 맛있게 만드는 법

다키코미고항이란 여러 식재료를 함께 섞어서 지은 밥으로 쌀에 식재료의 맛이 배어나오도록 하는 요리의 한 가지이다. 오목항, 고모쿠고항, 후카가와고항도 다키코미고항의 일종이다.

1 **사용되는 재료의 밑문비를 철저하게 하자.** 다키코미고항에 사용되는 재료들은 다양한데 각 재료의 기초 준비가 올바르게 이루어지지 않을 경우, 전체적인 맛의 조화가 이루어지지도 않을뿐더러 식감이나 풍미에서도 문제가 생길 수 있으므로 기초 준비를 꼼꼼하게 한다.
2 **물을 잘 맞추자.** 다키코미고항의 밥물은 쌀을 붓고 다시나 물을 쌀이 잠길 정도로만 붓고 조미료(간장, 미림, 청주 등)를 넣은 다음. 물이나 다시를 부어서 물을 맞춘다. 부재료들은 물을 맞춘 다음 마지막에 올리도록 한다. 부재료들과 쌀을 함께 넣고 물을 맞추게 되면 물의 정확한 양을 파악할 수 없어서 실패할 수 있다.
3 **바닥까지 골고루 뒤집는다.** 다키코미고항은 자칫 부재료나 조미료가 아랫부분으로 전부 몰릴 가능성이 많다. 그러므로 밥이 다 된 후에는 바닥까지 긁어 올려 잘 섞어주도록 한다.
4 **충분한 호화.** 다키코미고항은 밥의 뜸이 덜 들었을 때, 뚜껑을 열고 뒤적이게 되면 밥알이 전부 뭉개져서 떡처럼 질어지거나 한데 뭉쳐버려 맛과 모양이 현저하게 떨어지게 된다. 다키코미 고항은 밥이 완성된 후라도 5분 정도 시간을 두고 쌀이 충분히 호화될 수 있도록 하는 것이 중요하다.

별미식 069

深川ご飯 바지락밥

후카가와고향

(4인분) **바지락** 3팩 **쌀** 2컵 **생강** 1톨 **청주** 1/2컵 **간장** 1큰술 **미림** 1큰술

1. 바지락은 해감시킨 것으로 준비해 표면을 깨끗이 문질러 닦아둔다.
2. 바지락은 깊은 프라이팬 등에 넣고 청주를 부어 뚜껑을 덮고 입이 벌어질 때까지 가열한 후, 불을 끄고 살을 발라낸다. 삶아낸 바지락 육수는 따로 보관해둔다.
3. 생강은 얇게 채를 썰어둔다.
4. 2의 바지락 육수에 간장과 미림을 섞고 밥솥에 씻은 쌀을 넣고 바지락 육수를 붓고 물을 더 부어 일반 밥과 같이 물을 맞춘다.
5. 생강과 바지락을 넣고 취사한다.
6. 밥이 완성되었으면 바닥까지 잘 뒤집어 내간다.

별미식 070

우나기오시스시

うなぎ押し寿司 장어 누름 스시

(2인분) **따뜻한 밥** 2공기 **장어구이** 1마리 **깻잎** 4장 **게맛살** 4개
단촛물 : 식초 3큰술 **설탕** 1/2큰술 **소금** 1/2작은술

1. 게맛살은 잘게 손으로 찢어두고 깻잎은 다져둔다.
2. 뜨거운 밥에 잘 섞은 단촛물을 한꺼번에 붓고 부채로 부쳐가면서 계속 주걱으로 저어 수분을 날려주도록 한다.
3. 2의 초밥에 찢어둔 게맛살과 깻잎을 넣고 골고루 잘 섞는다.
4. 넓은 그릇에 랩을 깔고 3의 게맛살, 깻잎과 섞은 밥을 평평하게 깔아준다.
5. 마지막으로 장어를 올리고 손으로 살며시 눌러 모양을 잡고 용기에서 꺼내 한입 크기로 잘라 내간다.

5장
맛으로 눈으로 즐기는
일본식 도시락

구츠구츠의 도시락 빨리 싸는 비법

1 재료를 준비해두면 시간이 단축!
매일 장보기가 힘들면 식재들은 한 번 사용할 분량씩 준비를 해두도록 한다. 재료를 나누어둘 때, 단단한 재료들은 미리 데쳐서 냉동하거나 잘게 다져두는 것도 시간을 단축시킬 수 있는 비법이다. 크로켓이나 햄버그스테이크 같은 경우에는 미리 만들어서 냉동시켰다가 전날 실온 해동하여 아침에 튀겨서 가지고 나갈 수 있도록 하는 것도 좋은 방법이다.

2 시판용 반찬과 냉동식품 적절히 활용하기
바쁜 아침에 일일이 영양 밸런스를 챙겨 도시락을 준비하기는 매우 어려운 일이다. 적절한 절임이나 냉동식품 등으로 곁들이 반찬을 준비하면 메인 반찬과 밥만 담으면 된다.

3 저녁 식사 준비할 때, 조금씩 남겨두기
전날 저녁 식사로 만든 반찬을 조금씩 남겨두거나 햄버그스테이크나 크로켓, 그라탱 등은 만들 때 작은 사이즈로 함께 만들어두었다가 다음 날 도시락에 이용한다.

4 스피드 업 조리도구 사용하기
시간을 단축시켜 주는 조리도구들을 사용하면 도시락을 빨리 쌀 수 있다. 우선 재료들을 다지거나 작게 자를 때 편리한 커터나 슬라이스, 필러 등을 이용하고, 반찬을 볶거나 구운 후 재빠르게 키친타월로 닦거나 물로 닦아서 사용할 수 있도록 작은 냄비나 프라이팬을 준비한다. 작은 프라이팬은 튀김 등을 만들 때 기름의 사용량을 줄일 수 있다. 반찬의 물기를 빼주는 스테인리스 재질의 작은 채반은 하나 가지고 있으면 편리하다.

예쁘고 보기 좋게 도시락 싸는 방법

1 도시락 소품을 사용하자

도시락을 더욱 예쁘고 깔끔하게 싸기 위해서는 시판 중인 여러 가지 도시락 소품을 사용하도록 한다. 도시락 반찬이 서로 붙어 있으면 반찬의 양념들이 섞여 맛과 모양이 떨어지고 쉽게 상하므로 베이킹 컵이나 칸막이 필름 등을 이용하여 반찬을 담는다. 간장이나 케첩 등의 소스류는 작은 도시락용 소스 케이스를 이용하면 좋다.

2 국물이 많은 반찬은 피하자

도시락용 반찬은 가능하면 물기가 적은 튀김이나 조림, 볶음 등을 이용하는데 주의를 한다고 해도 어떻게든 물기가 생기기 마련이다. 조림 등은 도시락에 담기 전에 체에 밭쳐 물기를 빼주고 볶음류는 조림장이 완전히 없어질 정도로 가열하는 것이 좋다. 마른 가쓰오부시로 무침이나 조림 등을 버무리면 여분의 수분을 흡수하여 수분이 흐르는 것을 막을 수 있다. 전분으로 되직하게 마무리하는 것도 좋은 방법이다.

3 반찬은 한입 크기로 준비하자

도시락용 반찬은 작고 얇게 자르는 것이 빨리 익히기도 쉽고 도시락에 담을 때도 보기 좋게 적당한 양을 담을 수 있다.

가라아게 벤토

도시락 071

唐揚げ弁当 닭튀김 도시락

든든한 우리 신랑 도시락

닭튀김

닭허벅살 1/2장(100g) **다진 마늘** 1/2작은술 **간장** 2큰술 **후추** 약간 **청주** 1큰술 **전분** 1큰술

1. 닭고기는 약간 지방이 있는 허벅살을 준비해서 한입 크기로 잘라둔다.
2. 폴리백에 자른 닭고기와 다진 마늘, 간장, 후추, 청주를 넣고 잘 주물러 냉장고에서 약 10분 정도 재워둔다. (전날 양념에 재워두면 더욱 좋다.)
3. 재워둔 닭을 꺼내 폴리백에 전분을 넣고 입구를 잡은 채 잘 흔들어서 골고루 전분을 입힌 후, 175도의 기름에서 바삭하게 튀겨낸다.

파프리카볶음

붉은 파프리카 1/6개 **노란 파프리카** 1/6개 **소금, 후추** 약간

1. 파프리카는 속을 제거하고 사선으로 5cm 정도 길이로 일정하게 채를 썰어둔다.
2. 썰어둔 파프리카는 식용유를 두른 프라이팬에 2~3분 볶다가 향이 올라오기 시작하면 소금과 후추를 뿌려 마무리한다.

데친 브로콜리

브로콜리 2조각 **마요네즈, 소금** 약간

뜨거운 소금물에 브로콜리를 2~3분간 데쳐 채반에 건져 물기를 완전히 빼준 후, 마요네즈와 함께 담아낸다.

+ 시판용 오이장아찌나 단무지 약간

도시락 072

니쿠마키 오니기리 벤토

肉巻きおにぎり弁当 소고기말이 주먹밥 도시락

소고기말이 주먹밥

얇게 썬 소고기(살코기) 6장(약 200g) **뜨거운 밥** 1공기 반 **소금** 1작은술 **통깨** 1큰술 **참기름** 1큰술
양념장 : **간장** 3큰술 **미림** 3큰술 **설탕** 1큰술

1. 넓은 패드에 간장, 미림, 설탕을 잘 섞어 양념장을 만든 후, 소고기를 한 장씩 양념장을 묻혀가며 약 10분간 재워둔다.(전날 재워두면 더욱 좋다.)
2. 밥은 소금, 통깨를 넣고 뜨거울 때 잘 버무려 6등분으로 나눠둔다.
3. 나눠놓은 밥은 한 덩어리씩 타원형으로 모양을 잡아 재워둔 소고기에 예쁘게 말아준다.
4. 프라이팬에 참기름을 두르고 약불에서 소고기말이 주먹밥을 잘 굴려가며 구워준다.

상추

상추 6장

상추를 깨끗하게 씻어서 구워낸 소고기말이 주먹밥을 싼 후, 도시락통에 담는다.

+ 오이와 방울토마토

도시락 073

미니한바그 벤토

ミニハンバーグ弁当 미니 햄버그스테이크 도시락

미니 햄버그스테이크

간 고기(소5, 돼지5) 100g **양파** 1/4개 **빵가루** 1/2큰술 **우유** 2큰술
소금 1/4작은술 **후추** 약간 **너트메그**(육두구) 약간 **돈가스 소스** 3큰술 **케첩** 2큰술

1 빵가루는 우유를 부어서 부드럽게 불려두고
   양파는 잘게 다져서 프라이팬에서 천천히 갈색이 돌 때까지 볶아준다.
2 볼에 간 고기와 불린 빵가루, 볶은 양파, 소금과 후추, 너트메그를 넣고
   손으로 골고루 치대 반죽한다.
3 반죽은 밥숟갈 정도 크기로 둥글게 빚어 프라이팬에서 중불로 앞뒤로 굽다가
   물을 5큰 술 붓고 뚜껑을 덮어서 찌듯이 속까지 익혀준다.
4 물이 거의 졸아들었으면 뚜껑을 열고 돈가스 소스와 케첩을 넣고
   햄버그스테이크를 살짝 데울 정도로만 조린다.

스파게티

스파게티면 1/3묶음 **미니 햄버그스테이크 소스**

스파게티면을 삶아서 미니 햄버그스테이크의 소스에 버무려 아래에 깔고
스테이크를 올려준다.

아스파라거스와 콘 버터무침

아스파라거스 1개 **스위트 콘** 1큰술 **버터** 1작은술 **소금, 후추** 약간

아스파라거스는 소금물에 2분 정도 데친 후, 채반에 건져 물기를 완전히 빼주고
뜨거울 때, 스위트콘과 버터, 소금, 후추와 골고루 버무려둔다.

+ 시판용 오이 피클

규니쿠노 시구레니 벤토

牛肉のしぐれに弁当 일본식 소고기 장조림 도시락

일본식 소고기 장조림

불고깃감 소고기 100g **우엉** 1/4뿌리 **생강** 1톨 **간장** 2큰술 **설탕** 1/2큰술 **미림** 1큰술 **다시●** 1/2컵 **참기름** 1작은술

1. 우엉은 칼등으로 긁어 껍질을 벗긴 후, 연필을 깎듯이 깎아내어 찬물에 5분간 담가둔다. 생강은 껍질을 벗기고 가늘게 채를 썰어 준비한다.
2. 프라이팬에 참기름을 두르고 중불에서 소고기를 볶다가 색이 바뀌면 우엉과 생강을 넣고 1분 정도 더 볶아준 후, 설탕과 미림을 넣고 30초 정도 볶는다. 간장과 다시를 넣고 다시가 전부 졸아들 때까지 조려준다.

● 시구레니에 쓰이는 다시는 종류에 상관없이 취향에 맞는 것으로 사용하면 된다.

시금치 가쓰오부시 무침

시금치 2뿌리 **가쓰오부시** 1/2팩(2g) **간장** 1큰술 **설탕** 1/3작은술 **참기름** 1작은술 **소금** 약간

1. 시금치는 소금물에 30초~1분 정도 살짝 데쳐서 찬물에 헹군 뒤, 손으로 물기를 꼭 짜고 5cm 길이로 잘라준다.
2. 뭉친 시금치를 손으로 잘 흩뜨리고 간장, 설탕, 소금을 넣고 가볍게 버무린 후, 참기름과 가쓰오부시를 넣고 다시 한 번 버무려준다.

일본식 톳볶음

건조 톳 10g **당근** 1/4개 **유부** 1/2장 **통조림 대두** 1큰술 **다시** 1/4컵 **간장** 2큰술 **미림** 1큰술 **설탕** 1작은술

1. 톳은 물에 담가 불렸다가 약 3cm 정도로 잘라두고 유부와 당근은 가늘게 채를 썰어둔다.
2. 프라이팬에 식용유를 두르고 톳과 유부, 당근, 물기를 뺀 대두를 넣고 중불에서 천천히 볶는다. 당근이 어느 정도 부드러워졌으면 다시와 간장, 미림, 설탕을 넣고 불을 세게 한 뒤 국물이 거의 없어질 때까지 계속 저어가며 볶는다.

도시락 075

도리노 난반쓰케 벤토

鶏の南蛮付け弁当 일본식 깐풍기 도시락

일본식 깐풍기

닭허벅살 1/2장(100g) **청주** 1작은술 **간장** 1작은술 **전분** 1큰술 **대파** 1/3뿌리 **당근** 1/3개 **피망** 1/2개
조림장 : 간장 3큰술 **식초** 3큰술 **물** 3큰술 **설탕** 1큰술

1 닭허벅살은 한입 크기로 잘라 폴리백에 담아 청주와 간장을 넣고 잘 주물러 밑간을 한 후, 전분을 넣고 잘 흔들어서 175도에서 바삭하게 튀겨낸다.
  (전날 미리 튀겨두거나 먹다 남은 닭튀김을 재활용해도 좋다.)
2 대파와 당근, 피망은 가늘게 채를 썬 다음, 프라이팬에서 가볍게 볶으면서 간장, 식초, 설탕, 물을 넣고 조리다가 끓어오르기 시작하면 불을 끄고 튀겨둔 닭을 넣고 골고루 버무려낸다.
3 튀긴 닭은 도시락에 담기 전에 채반에 걸쳐 조림장의 수분을 완전히 빼준 후에 넣도록 한다.

단호박 샐러드

단호박 50g **식초** 1작은술 **씨겨자** 1작은술 **올리브유** 2작은술 **소금, 후추** 적당량

1 단호박은 물에 적신 키친타월을 깐 접시에 작게 잘라 올리고 랩을 씌워 전자레인지에 4분간 가열한다.
2 가열한 단호박은 볼에 담아 포크 등을 이용해서 대강 으깬 뒤, 나머지 재료를 넣고 골고루 섞어준다.

버섯 버터볶음

양송이버섯 3~4개 **버터** 1작은술 **소금, 후추** 각각 약간

1 양송이버섯은 키친타월 등을 이용해서 표면의 흙이나 먼지를 떨어내고 절반으로 잘라 준비한다.
2 프라이팬에 버터를 두르고 버섯을 볶다가 소금과 후추로 간을 한다.

+ 시판용 우메보시

치킨 데리야키 벤토

チキン照り焼き弁当 치킨 양념구이 도시락

도시락 076

치킨 데리야키

닭허벅살 1장(200g) **소금, 후추** 약간
데리야키 조림장 : 간장 2큰술 **미림** 2큰술 **설탕** 1/2큰술

1. 닭허벅살은 군데군데 칼로 찔러 고기가 잘 익을 수 있도록 한 후, 한입 크기로 썰고 소금과 후추로 밑간을 한다. 프라이팬에 식용유를 1큰술 두르고 껍질 부분부터 중불에서 구워주기 시작한다.
2. 앞뒤로 노릇하게 익었으면 물을 한 국자 붓고 뚜껑을 덮어 속까지 찌듯이 익힌다.
3. 물기가 거의 졸아들었으면 뚜껑을 열고 표면을 다시 바삭하게 굽고 간장, 미림, 설탕을 섞은 데리야키 조림장을 한 번에 붓고 조림장이 거의 졸아들 때까지 천천히 조려준다. 이때, 숟가락으로 조림장을 위에서 끼얹어주면서 조려주면 더욱 광택이 나게 조릴 수 있다.

당근 글라세 ●

당근 1/3개 **물** 1/2컵 **버터** 2작은술 **설탕** 2작은술 **소금** 약간

1. 당근은 세로로 4등분하여 각 모서리를 둥글게 깎아낸 후, 냄비에 물을 넣고 약 2분간 데친다.
2. 당근이 조금 부드러워지면 나머지 재료를 모두 넣고 물이 1/3 정도 남을 때까지 6~7분간 계속 끓여준다. 당근에 광택이 나기 시작하면 완성.

● **글라세** 소량의 설탕과 버터를 사용해 당근, 양파 등의 작은 채소를 윤이 나게 익힌 요리.

계란 샐러드

계란 1개 **완두콩**(통조림) 1작은술 **샌드위치용 햄** 1장 **마요네즈** 1큰술 **소금, 후추** 약간

1. 계란은 삶아 껍데기를 벗겨 얇게 자르고 샌드위치 햄은 1cm×1cm 크기로 잘라둔다.
2. 자른 계란과 햄, 완두콩을 볼에 담고 마요네즈, 소금, 후추를 넣고 잘 버무린다.

+ 방울토마토

야키사케 벤토
焼き鮭弁当 연어구이 도시락

도시락 077

연어구이
구이용 연어 1조각 **간장** 약간 **스다치 또는 레몬** 1조각

준비된 연어를 달군 그릴이나 석쇠에 앞뒤로 노릇하게 구워낸다.

아스파라거스 베이컨 말이
아스파라거스 2개 **베이컨** 2장

아스파라거스는 약 5cm 길이로 잘라 소금물에 2분간 데쳐 채반에 건져두었다가
물기가 빠지면 베이컨으로 말아서 이쑤시개 등으로 고정시키고 프라이팬에 살짝 구워낸다.

+ 시판용 절임 장아찌

+ 방울토마토

도시락 078

가쓰산도 벤토

カツサンド弁当 돈가스샌드 도시락

돈가스샌드

돈가스용 돼지고기 1장 **식빵** 2장 **계란** 1개 **빵가루** 2큰술 **밀가루** 1큰술 **소금, 후추** 약간
돈가스 소스 2큰술 **마요네즈** 1큰술 **양배추** 1/6통

1. 돈가스용 돼지고기는 중간중간 힘줄을 칼로 끊고 소금과 후추로 밑간을 한 뒤, 밀가루 → 계란물 → 빵가루 순으로 튀김옷을 입혀 175~180도의 기름에서 노릇하게 튀겨낸다.
(먹다 남은 돈가스를 재활용하거나 전날 돈가스를 튀겨놓아도 좋다.)
2. 양배추는 가늘게 채를 썰어 얼음물에 담갔다가 소쿠리에 건져 물기를 완전히 빼둔다.
3. 튀겨둔 돈가스는 전체적으로 골고루 버무리듯이 돈가스 소스를 발라준다.
4. 식빵은 구워서 한쪽 면에 마요네즈를 바른 후, 채 썬 양배추를 듬뿍 올리고 소스에 버무린 돈가스를 올린 후, 다시 식빵으로 덮고 3등분으로 잘라 도시락통에 담는다.

사과 콜슬로

양상추 1장 **사과** 1/8개 **오이** 1/6개 **식초** 1작은술 **올리브유** 1작은술 **소금** 1/4 작은술 **후추** 약간

1. 양상추는 채를 썰고 오이는 가로로 얇게 썰고 사과도 오이와 비슷한 크기와 두께로 썰어둔다.
2. 볼에 양상추와 오이를 담고 식초와 소금을 넣고 손으로 살짝 주무르다가 물기를 꼭 짠 후에 올리브유, 후추, 사과를 넣고 가볍게 버무린다.

● **콜슬로** 양배추, 당근, 양파 등을 채 썰어 마요네즈에 버무린 샐러드.

+ 오렌지나 포도

부타노 쇼가야키 벤토

豚の生姜焼き弁当 돼지고기 생강구이 도시락

돼지고기 생강구이

두툼하게 썬 돼지고기 4장 **후추** 약간
생강 다레 : 생강 1톨 **간장** 2큰술 **미림** 2큰술 **설탕** 1작은술

1. 생강은 껍질째 강판에 갈아 간장, 미림, 설탕과 골고루 잘 섞어 생강 다레를 만든다.
2. 돼지고기는 표면에 후추를 살짝 뿌려준 후, 프라이팬에 앞뒤로 노릇하게 구워낸다.
3. 고기가 노릇하게 구워졌으면 키친타월 등으로 프라이팬을 가볍게 닦아낸 후,
   1의 생강 다레를 한 번에 부어 다레가 거의 졸아들 때까지 조려준다.

우엉무침

우엉 1/2뿌리 **당근** 1/3개 **흑임자** 1작은술
조림장 : 간장 2큰술 **미림** 2큰술 **설탕** 1/2작은술

1. 우엉은 칼등으로 껍질을 긁어내고 채를 썰어
   찬물에 5분 정도 담아 떫은맛을 빼주고, 당근도 채를 썰어둔다.
2. 프라이팬에 식용유를 두르고 3~4분 우엉과 당근을 볶다가
   미림과 설탕, 간장을 넣고 조림장이 거의 졸아들 때까지 계속 저어가며 볶아준다.
3. 조림장이 다 졸아들었으면 불을 끄고 흑임자를 넣고 골고루 버무린다.

고구마 레몬 조림

고구마 1/4개 **레몬즙** 1큰술 **꿀** 1큰술

고구마는 껍질째 약 7~8mm 두께로 가로로 잘라 냄비에 넣고, 고구마의 높이 정도로 물을 붓고 레몬즙과 꿀을 넣고 고구마가 부드러워질 때까지 끓여준다.

도시락 080

멘치가쓰 벤토

メンチカツ弁当　민스 커틀릿 도시락

민스 커틀릿

다진 고기(소 5 : 돼지 5) 100g **양파** 1/4개 **빵가루** 2큰술 **우유** 2큰술
소금 1/2작은술 **후추** 1/2작은술 **계란** 1개 **밀가루** 2큰술 **빵가루**(튀김옷용) 4큰술

1. 양파는 잘게 다져서 프라이팬에 갈색이 돌 때까지 천천히 볶고 빵가루는 우유를 섞어 불려둔다.
2. 볼에 다진 고기와 볶은 양파, 불린 빵가루, 소금, 후추를 넣고 손으로 골고루 치댄 다음, 너무 두껍지 않게 둥글게 모양을 잡는다.
3. 밀가루 → 계란물 → 빵가루 순으로 튀김옷을 입히고 175도의 기름에서 노릇하게 튀겨낸다.
4. 튀겨낸 민스 커틀릿은 취향의 소스와 함께 담는다.

토마토 치즈 말이

방울토마토 2개 **프로세스치즈** 1장

방울토마토는 깨끗하게 씻어 2등분으로 자른 치즈로 감싸 이쑤시개에 꿰어준다.

+ 스위트콘

+ 데친 아스파라거스

오무라이스 벤토

オムライス弁当 오무라이스 도시락

도시락 081

귀엽고 앙증맞은 우리 아이 도시락

오무라이스

밥 1/2공기 **양파** 1/4개 **스위트콘** 1작은술 **피망** 1/4개 **소시지** 1개 **케첩** 1큰술
소금, 후추 약간 **계란** 1개

1. 양파와 소시지, 피망은 잘게 다져서 프라이팬에 볶다가 스위트콘과 깍지콩을 넣고 함께 볶는다.
2. 케첩과 소금, 후추를 넣고 1~2분 더 볶다가 밥을 넣고 밥이 골고루 볶아지면 넓은 접시에 덜어내어 랩을 씌우고 손으로 동그랗게 모양을 잡아놓는다.
3. 프라이팬은 깨끗하게 닦고 잘 푼 계란으로 얇게 지단을 부쳐 볶음밥을 예쁘게 감싸 도시락통에 담는다.

아스파라거스 참깨무침

아스파라거스 1개 **깨소금** 2큰술 **마요네즈** 1큰술 **간장** 1작은술

소금물에 아스파라거스를 2분간 데쳐내어 깨소금과 마요네즈, 간장으로 골고루 버무린다.

비엔나 문어

비엔나소시지 2~4개

비엔나소시지는 한쪽 부분에 3번 칼집을 넣어 프라이팬에 굽는다.
이렇게 하면 잘린 부분이 문어의 다리처럼 바깥으로 말린다.

+ 제철과일

도시락 082

미트보루 벤토

ミートボール弁当　미트볼 도시락

미트볼

간 고기(소 5 : 돼지 5) 100g **양파** 1/4개 **빵가루** 1/2큰술 **우유** 2큰술 **소금** 1/4작은술 **후추** 약간
너트메그 약간(생략 가능) **돈가스 소스** 3큰술 **케첩** 2큰술

1. 빵가루는 우유를 부어서 부드럽게 불려두고 양파는 잘게 다져서
   프라이팬에서 갈색이 돌 때까지 천천히 볶아준다.
2. 간 고기, 불린 빵가루, 볶은 양파, 소금과 후추, 너트메그를 볼에 함께 넣고
   손으로 골고루 치대 반죽한다.
3. 반죽은 100원 동전 크기로 동그랗게 빚어 프라이팬에서 중불로 굴려가면서 굽다가
   물을 반 컵 붓고 뚜껑을 덮어서 찌듯이 속까지 익혀준다.
4. 물이 거의 졸아들었으면 뚜껑을 열고 돈가스 소스 3큰술과 케첩 2큰술을 넣고
   살짝 데울 정도로만 조려가면서 **3**의 미트볼과 섞어서 소스를 미트볼에 입혀준다.

주사위 포테이토 샐러드

감자 1/2개 **당근** 1/4개 **오이** 1/4개 **스위트콘** 1작은술 **마요네즈** 1큰술

감자와 오이, 당근은 1cm×1cm 크기로 자르고, 감자와 당근은 물에 데쳐내어 채반에 건져둔다.
열기가 살짝 빠졌으면 오이, 스위트콘과 함께 마요네즈에 잘 버무린다.

✚ 삶은 메추리알과 사과 한 조각, 방울토마토

✚ 후리카케

생선가루, 김, 깨, 소금 등을 섞어서 만든 가루 모양의 식품으로 밥에 뿌려 먹는다.

도시락 083

미니 고로케 벤토

ミニコロッケ弁当 미니 크로켓 도시락

미니 크로켓

감자 1개 **양배추** 1장 **간 고기** 30g **양파** 1/4개 **소금** 1/4작은술 **후추** 약간
계란 1개 **밀가루** 2큰술 **빵가루** 4큰술

1. 감자는 껍질을 벗겨 작게 대강 잘라 물에 적신 키친타월을 깐 접시에 담고 랩을 씌워 전자레인지에서 4분간 가열한다.
2. 양파는 다져서 간 고기와 함께 중불에서 충분히 볶아주고 양배추는 아주 잘게 다져둔다.
3. 1의 감자는 큰 볼에 담아 부드럽게 으깬 후, 볶은 양파와 고기, 다진 양배추, 소금, 후추와 잘 섞어준다.
4. 감자가 식기 전에 동그랗게 모양을 빚어 밀가루 → 계란 → 빵가루 순으로 튀김옷을 입혀 175도의 기름에서 노릇하게 튀겨낸다.

시금치와 콘 버터볶음

시금치 1뿌리 **스위트콘** 1큰술 **버터** 1작은술 **소금, 후추** 약간

시금치는 깨끗하게 씻어 3~4cm 길이로 자른 후, 프라이팬에 버터를 두르고 스위트콘과 함께 볶다가 시금치가 숨이 죽으면 소금, 후추로 간을 맞춘다.

당근 글라세

● 당근 글라세 레시피 p217 참조

도시락 084

에비피라후 벤토

エビピラフ弁당 새우 필라프 도시락

새우 필라프
밥 1/2공기 **보리새우** 50g **양파** 1/4개 **피망** 1/4개 **당근** 1/4개 **소금** 1/3작은술 **후추** 약간

1 양파와 당근, 피망은 잘게 다져둔다. 프라이팬에 식용유를 두르고 당근과 양파를 먼저 볶다가 양파가 투명해지면 보리새우와 피망을 넣고 볶는다.
2 새우가 익으면 밥을 넣고 볶으면서 소금과 후추로 간을 맞춘다.

샤부샤부 샐러드
샤부샤부용 돼지고기 4장 **양배추** 1장 **시판용 참깨 드레싱**

뜨거운 물에 돼지고기와 양배추를 살짝 익힌 후 채반에 건져 물기를 완전히 빼서 도시락에 담는다. 참깨 드레싱은 따로 담는다.

+ 오이 스틱 2개

도시락 085

산쇼쿠 • 소보로 벤토

三色そぼろ弁当 3색 소보로 도시락

3색 소보로 덮밥

구이용 연어 반 토막 **계란** 1개 **간 소고기** 50g **후추** 약간
조림장 : 간장 1큰술 **미림** 1큰술 **청주** 1큰술 **설탕** 1/2작은술

1. 연어는 그릴이나 석쇠에서 구워 가시와 껍질을 제거하고 칼로 곱게 다져둔다.
2. 계란은 소금과 미림을 넣고 잘 풀어서 식용유를 두르고 달군 프라이팬에 한 번에 부어
   젓가락으로 재빠르게 휘저어 곱게 소보로 상태로 익힌다.
3. 프라이팬에 식용유를 두르고 간 소고기와 후추를 넣은 후
   젓가락으로 저어가면서 포슬포슬하게 익힌 다음, 간장과 청주, 미림, 설탕을 넣고
   조림장이 다 졸아들 때까지 저어가면서 볶아준다.
4. 도시락통에 밥을 담고 각 재료들은 칸막이를 이용해서 예쁘게 담고
   완두콩이나 데친 줄기콩 등으로 장식한다.

● **소보로**(そぼろ) 생선이나 고기 등을 으깨어 양념한 다음 지져낸 요리.

✚ 비엔나소시지, 삶은 메추리알, 방울토마토

도시락 086

나포리탄 벤토

ナポリタン弁当 나폴리탄 스파게티 도시락

나폴리탄 스파게티

스파게티면 2/3묶음 **소시지** 2개 **피망** 1/2개 **양파** 1/4개 **양송이**(통조림) 1큰술
케첩 4큰술 **소금, 후추** 약간

1. 스파게티면은 반으로 부러뜨려서 삶아두고 각 재료는 적당한 크기로 잘라둔다.
2. 프라이팬에 식용유를 두르고 양파를 충분히 볶아준 후, 소시지를 넣고 볶다가 피망과 양송이를 넣고 볶는다.
3. 각 재료들이 어우러지게 잘 볶아졌으면 케첩과 소금, 후추를 넣고 1~2분간 더 볶아준다.
4. 삶아둔 스파게티면을 넣고 버무리듯이 가볍게 볶아준다.

+ 데친 브로콜리, 제철과일 약간

치킨가쓰 벤토

チキンカツ弁当 치킨가쓰 도시락

치킨가쓰

닭가슴살 50g **계란** 1개 **물** 2큰술 **밀가루** 2큰술 **빵가루** 2큰술 **소금**, **후추** 약간

1. 닭가슴살에 소금, 후추로 밑간을 한 후, 계란과 물, 밀가루를 섞은 튀김옷을 입히고 빵가루를 입혀서 175~180도에서 노릇하게 튀겨낸다.
2. 적당한 크기로 잘라 돈가스 소스를 곁들인다.

아스파라거스 가쓰오부시 무침

아스파라거스 1개 **가쓰오부시** 1큰술 **간장** 1작은술

아스파라거스는 5cm 길이로 잘라 소금물에서 2분간 데쳐내어 간장과 가쓰오부시와 함께 무쳐낸다.

당근 참깨 무침

당근 1/3개 **흑임자** 1큰술 **참기름** 1작은술 **소금** 약간

1. 당근은 채 썰고 흑임자는 갈아둔다.
2. 식용유를 두른 프라이팬에서 채 썬 당근을 볶다가 당근이 한숨 죽으면 불을 끄고 소금과 참기름, 간 흑임자를 넣고 버무린다.

도시락 088

봄 벚꽃놀이 유부초밥 도시락

나들이 도시락

유부초밥

(10개분) **유부** 5장 **밥** 4공기
유부 조림장 : 가쓰오부시 다시 1컵 반 **간장** 3큰술 **설탕** 3큰술 **미림** 1큰술
단촛물 : 식초 1/3컵(약 70cc) **설탕** 1큰술 반 **소금** 1작은술

1. 유부●는 밀대나 빈병을 이용하여 밀어서 펴준 후, 절반으로 잘라 유부가 찢어지지 않도록 조심하면서 구석까지 손가락을 넣어 잘 벌려둔다.
2. 잘라 펼친 유부는 끓는 물에서 약 30초간 데쳐 여분의 기름기를 제거하고 소쿠리에 건져 주걱이나 숟가락 등을 이용해 물기를 짜낸다.
3. 프라이팬에 유부가 겹치지 않도록 한 장씩 잘 펼쳐서 담고 가쓰오부시 다시와 간장, 설탕, 미림을 분량대로 넣고 뚜껑을 덮어 중불에서 조림장이 거의 졸아들 때까지 조려준다.
4. 넓은 볼에 뜨거운 밥을 담고 준비한 단촛물을 한 번에 부어 부채 등으로 부쳐가면서 고슬고슬하게 초밥을 준비한다.
5. 준비된 초밥을 쟁반 등에 균일하게 넓게 펼쳐 10등분으로 나누고 조려진 유부를 가볍게 손으로 쥐어 짜준 후, 밥을 한 덩어리 분량씩 담아 오므려준다.

● 유부는 시판용 조린 유부를 사용해도 좋다.

다시 계란말이

계란 3개 **가쓰오부시 다시** 1/7컵(약 30cc) **전분** 1/2작은술 **소금** 약간

1. 계란은 잘 풀어서 완전하게 식은 다시와 소금, 전분을 넣고 잘 섞어준다.
2. 모든 재료가 골고루 섞였으면 고운체로 계란물을 한 번 걸러내어 알끈을 제거한다.
3. 프라이팬에 살짝 식용유를 두르고 계란물을 조금씩 부어가면서 타지 않게 말아낸다.

가라아게●

● 가라아게 벤토 레시피 p206 참조

새우튀김

새우(중하) 10마리 **계란** 2개 **박력분** 3큰술 **빵가루** 1컵 **소금, 후추** 약간

새우는 깨끗하게 손질한 후, 소금, 후추로 가볍게 밑간을 하고 밀가루 → 달걀 → 빵가루 순으로 튀김옷을 입힌 후에 175도의 기름에서 노릇하게 튀겨낸다.

아스파라거스 소고기말이●

● 가을 단풍놀이 주먹밥 도시락 레시피 p244 참조. 우엉 당근 소고기말이 레시피에서 우엉과 당근 대신 아스파라거스를 사용하면 된다.

도시락 089

초여름 운동회 김초밥 도시락

김초밥

밥 2공기 **김밥용 김** 2장 **계란** 2개 **명란젓** 1덩어리 **오이** 1/2개 **표고버섯** 4개 **간장** 1큰술 **설탕** 1/2작은술
단촛물 : 식초 3큰술 **설탕** 1큰술 **소금** 1작은술

1. 계란은 설탕과 소금을 조금씩 넣고 잘 섞어서 두툼하게 말아 부친 다음, 식으면 세로로 잘라 준비하고 오이는 반으로 갈라 씨 부분은 도려내고 세로로 잘라둔다.
2. 표고버섯은 밑동을 떼어내고 얇게 썰어서 프라이팬에 볶다가 간장과 설탕을 넣어 조려두고 명란젓은 숟가락을 이용하여 속을 깨끗하게 긁어둔다.
3. 밥이 뜨거울 때 준비해둔 단촛물을 한 번에 붓고 부채질을 해가면서 수분을 날려가며 잘 섞어둔다.
4. 김발에 김을 올리고 초밥을 2/3 정도 고르게 깔아준 후, 준비한 속 재료를 적당히 올려주고 동그랗게 말아서 한입 크기로 예쁘게 썰어낸다.

미니 햄버그스테이크.
● 미니 햄버그스테이크 레시피 p210 참조

게살 크림 크로켓.
● 가니 구리무 고로케 레시피 p162 참조

＋ 과일, 야채

도시락 090

가을 단풍놀이 주먹밥 도시락

연어 깻잎 주먹밥

구운 연어 1토막 **오이껍질** 1/4개 **밥** 2공기

연어는 포크를 이용해 가시를 말끔히 발라내 잘게 부스러뜨리고
오이 껍질을 가늘게 채 썰어서 밥과 함께 섞은 후, 랩을 이용해 일정한 크기로 뭉쳐낸다.

밤 주먹밥

밤밥 : 쌀 2컵 **생밤** 10톨 **물** 4컵

밤을 잘게 잘라 넣어 밤밥을 만든다. 밤밥은 뜨거울 때, 랩을 이용해서
일정한 크기로 뭉쳐낸다. 취향에 따라 김에 말거나 흑임자를 뿌려내도 좋다.

우엉 당근 소고기말이

우엉 1/3뿌리 **당근** 1/2개 **샤부샤부용 소고기** 6장
조림장 : 간장 3큰술 **미림** 2큰술 **설탕** 1/2큰술

1. 우엉은 껍질을 벗긴 후 세로로 길게 썰고, 당근도 우엉과 크기를 맞추어
   세로로 길게 썰어 뜨거운 물에서 약 4~5분 정도 데쳐낸다.
2. 데쳐낸 우엉과 당근은 각각 3~4개씩 포갠 후, 샤부샤부용 소고기를 3장 정도
   넓게 펼쳐서 겹쳐준 후에 말아낸다.
3. 프라이팬에 굴려가며 굽다가 소고기가 완전히 색이 변하면 간장과 미림, 설탕을 넣고
   조림장이 반으로 줄 때까지 굴려가면서 조려준다.
4. 조린 소고기말이는 적당한 크기로 잘라 도시락에 담는다.

김 명란 계란말이

계란 2개 **명란** 1덩어리 **전장김** 반장

계란을 젓가락으로 골고루 풀어 프라이팬에 얇게 흘려 부친 후에
김과 명란을 올리고 말아 한 김 식힌 후 먹기 좋은 크기로 잘라낸다.

+ 과일, 야채

六장
우리 입맛에 꼭 맞는
일본 음료 & 군것질

맛차 抹茶 말차

디저트 091

일본의 다과에서 녹차는 매우 중요한 요소이다. 차의 종류와 마시는 방법도 여러 가지인데 그중에서 말차는 가루 타입의 녹차로 일반 녹차보다 쓴맛이 좀더 강하다. 스시집에서 그냥 뜨거운 물을 부어 내오기도 하지만 제대로 된 말차는 부드럽게 거품을 내어 마시는 것이 기본이다. 요즘은 간단하게 가정용 핸드포머가 보급되어 일일이 차센●을 구입하여 거품을 올리는 번거로움은 덜 수 있다. 말차 1잔당 말차가루의 분량은 약 2g정도로 물의 온도는 70도에 양은 60cc 정도가 적당하다.

(2잔분) **말차가루** 1작은술 반 **물** 3/5컵

1 말차는 거품을 올리는 동안 덩어리가 생기지 않게 말차가루를 고운체로 두 번 정도 걸러둔다.
2 뜨거운 물에 말차를 탈 대접과 차센을 데워둔다. 차센이 따뜻해야 거품이 잘 올라온다.
3 대접의 뜨거운 물을 따라버리고 말차가루를 분량대로 넣는다.
4 뜨거운 물을 부었으면 15초간 재빠르게 차센을 저어 한 번에 거품을 만들어 올리도록 한다. 대접은 흔들리지 않게 손목만을 이용해서 거품을 올리는 것이 포인트다.

● **차센**(茶筅) 더운물을 부은 말차를 저어서 거품을 일게 하는 도구.

> **TIP** 차가운 녹차를 즐기는 방법
>
> 잎녹차는 저온에서 우려내면 녹차의 감칠맛을 느낄 수 있다. 정수된 찬물로 단시간에 찻잎을 우려내면 부드러운 맛의 녹차를 즐길 수 있다. 그러나 찬물에 녹차를 우려도 6시간 이상이 지나면 뜨거운 물에서 녹차를 우릴 때처럼 쌉싸름한 맛이 우러나므로 개운한 맛의 녹차를 즐기고 싶다면 시간을 두고 냉장고에서 6시간 이상 천천히 우려내는 것이 좋다.

이모요칸

芋ようかん 고구마양갱

디저트 092

(6개분) 고구마 300g 설탕 5큰술 계란 노른자 1개 분 생크림 1큰술
바닐라 에센스 3방울 가루 한천 2작은술 물 1컵

1. 고구마는 찌거나 삶아서 껍질을 벗겨 으깨둔다.
2. 으깬 고구마는 식기 전에 설탕, 계란 노른자, 생크림, 바닐라 에센스와 함께 골고루 섞어둔다.
3. 뜨거운 물 한 컵에 가루 한천을 넣고 녹인 후, 2에 천천히 나눠 부어가며 섞다가 덩어리가 없이 골고루 섞였으면 아주 약한 불에서 질척해질 때까지 끓인다.
4. 유산지를 깐 틀(정사각형)에 3을 부어서 냉장고에서 단단해질 때까지 굳혔다가 잘라서 내간다. 취향에 따라 말린 과일(건살구 등)을 올려도 좋다.

모치(일본 찰떡) 4조각 **구운 김**(전장) 1장 **간장** 약간

1. 기름을 두르지 않은 프라이팬이나 그릴, 오븐 토스트 등을 이용하여 약불에서 천천히 모치를 구워준다.
2. 찰떡이 퍼질 정도로 속까지 완전하게 구워지면 구운 김을 4등분으로 잘라 모치를 말아준 다음, 취향대로 간장을 조금씩 뿌리거나 찍어서 먹는다.

디저트 093

海苔巻き餅　김말이 찰떡구이

노리마키모치

다이후쿠모치

大福餅 일본식 찹쌀떡

디저트 094

(6개분) 찹쌀가루 1컵 설탕 2큰술 소금 약간 물 1/2컵 시판용 단팥 180g 딸기 3개 전분 1/2컵

1. 단팥은 30g씩 6등분으로 나누어 손에 참기름을 살짝 바르고 둥글려둔다.
2. 볼에 찹쌀가루와 설탕, 소금을 넣고 가볍게 섞은 후, 물을 나눠 부어가며 계속 저어 반죽을 만든다.
3. 덩어리가 없이 매끄럽게 잘 섞였으면 랩을 씌우고 전자레인지에 넣고 2분간 가열한다.
4. 반죽을 꺼내서 물에 적신 나무 주걱으로 골고루 힘을 주어 잘 섞은 후, 다시 랩을 씌워 2분간 가열한다.
5. 가열한 반죽은 꺼내서 다시 한 번 주걱으로 골고루 섞은 후, 랩을 씌워 1분간 가열한다.
6. 가열이 끝난 반죽은 물에 적신 나무 주걱으로 한 덩어리로 만들어 전분을 뿌린 패드나 쟁반에 덜어낸다.
7. 반죽은 6등분으로 나누고 손으로 늘여 펴서 둥글려둔 단팥을 감싸고 아랫부분의 이음새는 확실하게 손으로 눌러 붙여주도록 한다.

디저트 095

미타라시단고
みたらし団子 간장 경단

(6개분) 찹쌀가루 1컵 반 **미지근한 물** 1/2컵 **설탕** 4큰술 **물에 푼 전분** 3큰술
간장 소스 : 간장 3큰술 **물** 6큰술 **미림** 1큰술

1. 찹쌀가루에 미지근한 물을 부어 차지게 반죽한 뒤, 100원짜리 동전 크기로 둥글려둔다.
2. 뜨거운 물에 둥글린 경단을 넣고 삶아준다.
   반죽이 물 위로 떠오르면 5~6분 더 삶다가 체로 건져내 찬물에 담가둔다.
3. 찬물에 담근 경단은 채반에 건져 물기를 완전하게 말리고 3개씩 꼬치에 끼운다.
4. 냄비에 간장과 설탕, 미림, 물을 넣고 끓이다가 확 끓어오르기 시작하면 불을 끈다.
   물에 푼 전분을 넣고 다시 한 번 불을 켜고 걸쭉해질 때까지 저어서
   꼬치에 끼운 경단 위에 넉넉히 뿌려준다.

디저트 096

맛차무시케키

抹茶蒸しケーキ 녹차 찜케이크

(2~3개분) 핫케이크 가루 1컵 반 **말차가루** 1큰술 **물** 2큰술 **우유** 1/4컵 **계란** 1개 **팥배기** 1큰술

1. 말차가루는 덩어리지지 않게 물에 잘 개어둔다.
2. 볼에 계란과 우유를 잘 섞은 후에 물에 개어놓은 말차가루를 넣고 잘 섞어준다.
3. 핫케이크 가루를 넣고 천천히 잘 섞어 반죽을 만들어둔다.
4. 머핀 컵이나 전자레인지용 용기에 유산지를 깔고 반죽을 8할 정도 부어준 후, 팥배기를 골고루 올려준다.
5. 김이 오른 찜통에서 약 7~8분간 쪄준다.
   이쑤시개로 바닥까지 찔렀을 때 반죽이 묻어나오지 않으면 다 익은 것이다.

디저트 097

도라야키
どら焼き 일본식 단팥 팬케이크

(4개분) 핫케이크 가루 1컵 반 **계란** 1개 **우유** 1/3컵(약 75cc) **단팥** 200g **밤 당조림** 5~6개

1. 볼에 계란과 우유를 잘 섞은 후, 핫케이크 가루를 덩어리가 없이 골고루 섞어준다.
2. 기름을 두르지 않은 프라이팬에서 아주 약한 불로 한 국자씩 두툼하게 8장을 부쳐낸다.
3. 잘게 다진 밤 당조림은 단팥과 섞어서 2의 부쳐낸 핫케이크 2장 사이에 50g씩 넣는다.

미니오하기

ミニおはぎ 미니 찰밥 경단

디저트 098

(15개분) **찹쌀** 1컵 **물** 2컵(약 180cc) **소금** 1/4작은술
단팥 고물 : **단팥** 200g
콩가루 고물 : **콩가루** 3큰술 **설탕** 2큰술 **소금** 약간
흑임자 고물 : **흑임자** 3큰술 **설탕** 1/2큰술 **소금** 약간

1. 찹쌀은 깨끗하게 씻어 채반에 건져 1시간 정도 물기를 완전하게 빼준다.
2. 밥솥에 찹쌀과 소금, 물을 붓고 밥을 한 후, 20분 정도 뚜껑을 열지 않고 충분히 뜸을 들인다.
3. 단팥은 반으로 나눠서 절반은 5등분으로 나누고 절반은 10등분으로 나눠서 둥글린다.
4. 찰밥은 스리바치나 절구에 넣고 밥알이 절반 정도 남을 때까지 뭉갠 다음, 15등분으로 나누어 둥글린다.
5. 손에 물을 묻혀가면서 4에서 둥글린 찰밥 10개를 평평하게 펼쳐서 3에서 작게 둥글린 팥 10개를 넣고 뭉치고, 남은 찰밥 5개는 큰 단팥 덩어리를 펼쳐 팥으로 밥을 감싸준다.
6. 밥으로 팥을 감싼 덩어리는 각각 5개씩 콩가루와 흑임자 고물을 입혀준다.

디저트 099

寒天あんみつ

간텐 안미쓰

한천 안미쓰

물 1/2컵 **가루 한천** 1/3작은술 **후르츠믹스**(통조림) 4큰술
삶은 팥(덩어리가 남아 있는) 2큰술 **콩가루 또는 미숫가루** 1큰술
시럽 : 흑설탕 2큰술 **물** 4큰술

1. 냄비에 물과 가루 한천을 넣고 잘 섞은 후에 끓인다.
2. 한천이 끓기 시작하면 어느 정도 식힌 후에 정사각형의 틀에 부어서 냉장고에서 약 2시간 정도 굳힌다.
3. 굳은 한천은 1cm×1cm 크기로 잘라 준비한다.
4. 흑설탕과 물을 섞어 약불로 끓여 시럽을 만든다.
5. 그릇에 잘라 둔 한천과 후르츠믹스, 삶은 팥을 적당히 담고 먹기 직전에 취향대로 시럽과 콩가루를 뿌려서 스푼으로 떠먹는다.

● **안미쓰**(あんみつ) 미츠마메(삶은 완두콩에 과일과 깍뚝썰기를 한 우무를 넣고 당밀을 친 요리)에 팥소를 얹은 단 음식.

가보차푸딩

かぼちゃプリン 단호박 푸딩

(4개분) 단호박 250g **우유** 2컵(약 220cc) **생크림** 1/3컵(약 65cc) **설탕** 4큰술
바닐라 에센스 3~4방울 **계란** 2개
캐러멜 소스 : 설탕 6큰술 **물** 1/4컵

1. 냄비에 캐러멜 소스의 재료들을 넣고 약불에서 천천히 설탕을 녹여가며 캐러멜로 만든다. 색이 돌기 시작하면 순식간에 타서 쓴맛이 날 수가 있으므로 냄비보다 큰 볼에 찬물을 담아 준비하고 적당한 갈색이 돌면 재빨리 냄비를 찬물에 담가 식히도록 한다.
2. 단호박은 껍질을 벗기고 작게 잘라 물 1큰술을 뿌린 접시에 펼쳐 담고 랩을 씌워 전자레인지에서 약 3분간 가열하여 찐 후, 부드럽게 으깨둔다.
3. 냄비에 우유, 생크림, 설탕을 넣고 설탕이 녹을 정도의 온도까지 데워준다. 다시 차게 식혀서 그릇에 잘 푼 계란을 천천히 나눠 넣어가면서 거품기로 골고루 섞어준다.
4. 계란을 잘 섞었으면 **2**의 단호박과 바닐라 에센스를 나눠 넣고 후에 아주 고운체로 걸러낸다.
5. **4**의 푸딩 반죽을 용기에 6할 정도 담아 김이 오른 찜통에서 10~13분 정도 쪄낸다. 나무 꼬치 등으로 용기의 바닥까지 찔러보아 반죽이 묻어나오지 않으면 충분히 쪄진 것이다.
6. 열기를 뺀 푸딩은 냉장고에서 차게 식혀 캐러멜 소스를 1~2큰술 얹어 내간다.

에필로그

작년 새해에 신사에서 산 달마 인형에 눈동자를 그려 넣으며 소원을 빌었다.

요리책을 만들게 해달라고.

그 후 정신을 차리고 보니 어느샌가 나는 정말로

레시피들을 정리하고 원고를 쓰며 책을 준비하고 있었다.

그리고 작년 가을에 한국에서 포토그래퍼가 찾아왔다.

자기 몸무게보다도 더 무거울 법한 촬영장비들을 메고.

책을 쓰겠다고 마음먹었던 순간부터 지금까지의 시간을 돌아보면

설레기만 한 작업은 아니었다.

나는 의욕은 넘쳤으나 서툴렀고 두 딸아이는 아직 너무 어렸다.

남편도 낯설고 불편했을 것이다.

무엇보다 나는 일본에 있고, 실제 책 작업은 한국에서 진행되었으니

간단한 일이 아니었다.

그럼에도 불구하고 이제 정말 곧 내 인생의 일부를 담은

책 한 권이 세상에 나온다.

이 책이 맛있는 일본요리를 식탁에 올리고픈 이들에게

작은 도움이라도 된다면 더 없이 기쁠 것이다.

묵묵히 지켜봐준 남편과 기다려준 아이들,

한국에서 마음으로 응원해주는 엄마와 동생과 블로그 이웃님들,

그리고 실제로 책을 만들 수 있도록 도와준 이근영 포토그래퍼와

북하우스 식구들에게 진심으로 감사하다는 인사를 전하고 싶다.

실제로 완성된 책을 만나게 되는 날에 나의 작은 소망을 들어준 달마 인형에게도

남은 한쪽 눈동자를 그려넣으며 감사의 인사를 해야겠다.

백성진

부록

일본의 방산시장 – 갓파바시(かっぱ橋) 도구거리

아사쿠사에 위치한 갓파바시 도구거리는 일본의 방산시장이라 볼 수 있다. 이곳은 1912년경부터 상인들이 모여들어 고물을 비롯해 다양한 도구들을 판매하기 시작한 것이 거리의 시초다. 현재는 일본, 서양, 중국 등 여러 나라의 식기와 도기, 칠기, 제빵 제과 기계와 기구, 냉장고 등의 각종 설비, 다양한 요리재료를 판매하고 있다. 약 800m에 이르는 거리에 170개 이상의 점포가 늘어서 있는 일본 최대의 요리도구 전문상가로 예쁘고 실용적인 주방용품을 구입할 수 있는 좋은 장소다. 국내보다 싸게 살 수 있는 용품들이 있으므로 들러볼 만하다. **갓파바시 홈페이지** www.kappabashi.or.jp

갓파바시 도구거리에 가면 많이 볼 수 있는 캐릭터가 있는데 바로 이곳의 마스코트인 갓파(かっぱ)다. 갓파는 일본 민담에 나오는 전설적인 동물이자 물의 요정으로 일본 만화나 영화에서 자주 볼 수 있다. 갓파는 아이 크기의 영장류로 몸은 거북이의 등딱지를 가진 원숭이나 개구리로 그려지는데, 정수리 부분에는 물이 고여 있고 이 물이 말라버리면 죽게 된다고 한다. 오이를 광적으로 좋아한다.

거리의 매장들 중에는 개인에게 낱개로 판매하지 않고 업소를 상대로 대량 주문을 받는 가게도 있으므로 물건을 구매하기 전에 낱개 판매나 소량 판매를 하는지 먼저 물어보고 물건을 고르는 것이 좋다. 대중교통으로 방문하여 물건을 대량으로 구입하였을 경우에는 근처 우체국에서 택배로 물건을 부치거나, 갓파바시 대부분의 매장에서 택배서비스를 해주므로 택배를 이용해 숙소로 부쳐두고 편하게 쇼핑하는 것도 좋은 방법이다.

갓파바시 마쓰리
갓파바시 도구거리에서는 매년 10월에 약 5일에 걸쳐 여러 가지 다양한 행사가 펼쳐지는 축제가 열린다. 무료 시식에서부터 사진 콘테스트, 퀴즈 대회나 경품 행사 등이 준비되어 있다.

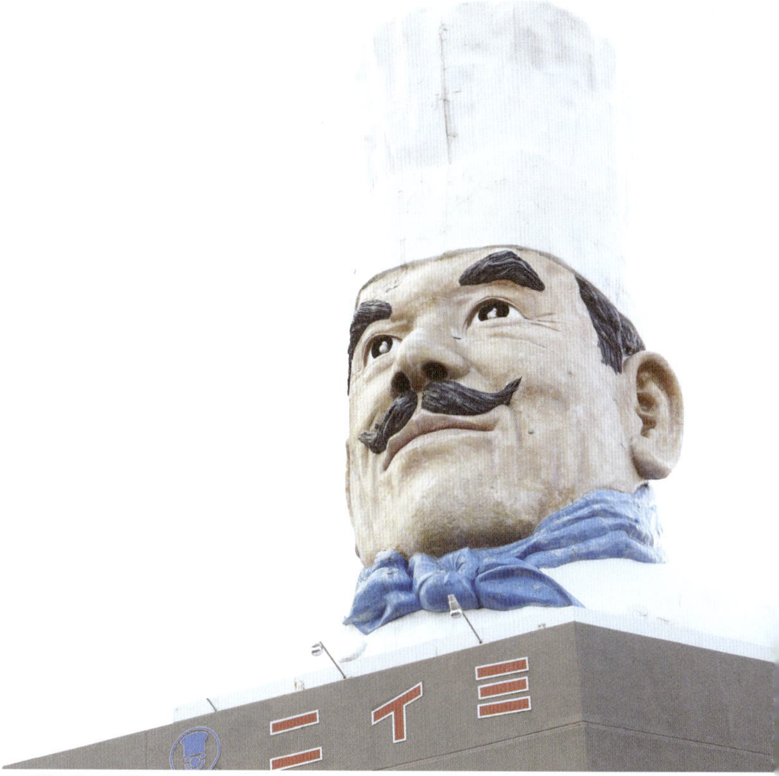
ニイミ

三共商店
KAMATA

合羽橋南
かっぱ橋
道具街
商会
ス・テーブル

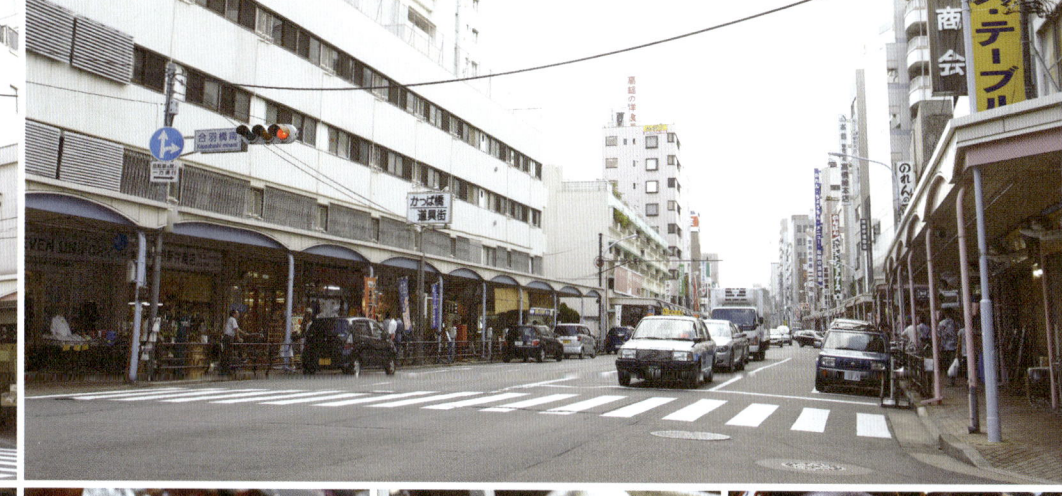

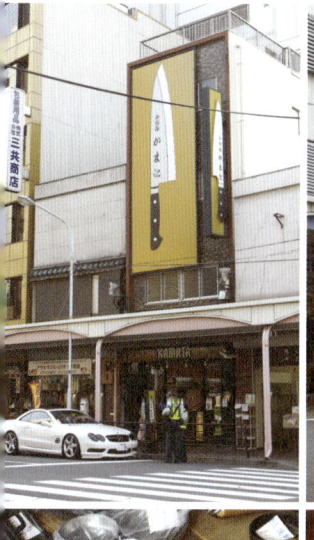

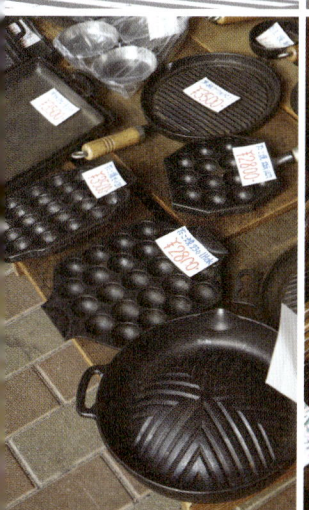

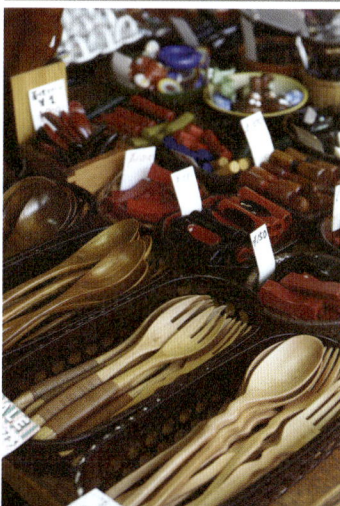

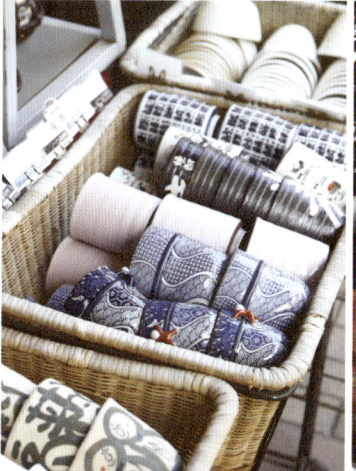

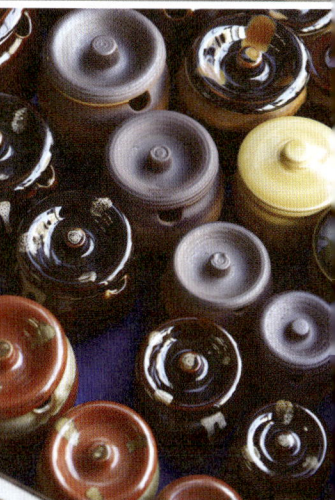

구츠구츠 일본 가정식
ⓒ 백성진 2011

1판 1쇄 2011년 2월 7일 | **1판 8쇄** 2025년 10월 1일

지은이 백성진

펴낸이 김정순 | **책임편집** 김수진 | **디자인** 홍지숙 | **마케팅** 이보민 손아영

펴낸곳 (주)북하우스 퍼블리셔스 | **출판등록** 1997년 9월 23일 제406-2003-055호
주소 04043 서울시 마포구 양화로 12길 16-9(서교동 북앤빌딩)
전자우편 editor@bookhouse.co.kr | **홈페이지** www.bookhouse.co.kr
전화번호 02-3144-3123 | **팩스** 02-3144-3121

ISBN 978-89-5605-512-1   13590

북하우스엔은 (주)북하우스 퍼블리셔스의 실용 브랜드입니다.